10대를 위한
몰입 공부법

Foreign Copyright:
Joonwon Lee
Address: 10, Simhaksan-ro, Seopae-dong, Paju-si, Kyunggi-do,
Korea
Telephone: 82-2-3142-4151
E-mail: jwlee@cyber.co.kr

10대를 위한 몰입 공부법

2018. 8. 21. 초판 1쇄 인쇄
2018. 8. 28. 초판 1쇄 발행

저자와의
협의하에
검인생략

지은이 | 정형권
펴낸이 | 이종춘
펴낸곳 | BM 주식회사 성안당
주소 | 04032 서울시 마포구 양화로 127 첨단빌딩 5층(출판기획 R&D 센터)
      | 10881 경기도 파주시 문발로 112 출판문화정보산업단지(제작 및 물류)
전화 | 02) 3142-0036
      | 031) 950-6300
팩스 | 031) 955-0510
등록 | 1973. 2. 1. 제406-2005-000046호
출판사 홈페이지 | www.cyber.co.kr
ISBN | 978-89-315-8273-4 (13370)
정가 | 14,800원

이 책을 만든 사람들
기획 | 최옥현
진행 | 오영미
교정 · 교열 | 서보경
본문 디자인 | 신인남
표지 디자인 | 임진영
홍보 | 박연주
국제부 | 이선민, 조혜란, 김해영
마케팅 | 구본철, 차정욱, 나진호, 이동후, 강호묵
제작 | 김유석

www.cyber.co.kr ★★★
성안당 Web 사이트

■ 도서 A/S 안내

성안당에서 발행하는 모든 도서는 저자와 출판사, 그리고 독자가 함께 만들어 나갑니다.
좋은 책을 펴내기 위해 많은 노력을 기울이고 있습니다. 혹시라도 내용상의 오류나 오탈자 등이
발견되면 **"좋은 책은 나라의 보배"**로서 우리 모두가 함께 만들어 간다는 마음으로 연락주시기
바랍니다. 수정 보완하여 더 나은 책이 되도록 최선을 다하겠습니다.
성안당은 늘 독자 여러분들의 소중한 의견을 기다리고 있습니다. 좋은 의견을 보내주시는 분께는
성안당 쇼핑몰의 포인트(3,000포인트)를 적립해 드립니다.
잘못 만들어진 책이나 부록 등이 파손된 경우에는 교환해 드립니다.

창의와 융합 시대

10대를 위한

몰입
공부법

정형권 지음

BM 성안당

"최고의 나를 만나라"

레오나르도 다빈치가 〈최후의 만찬〉을 그리는 모습을 지켜봤던 마테오 반델로는 그의 작업 과정을 이렇게 증언했다.

"다빈치는 아침 일찍 도착해 비계에 올라가 그림을 그리기 시작했다. 그는 새벽부터 해 질 무렵까지 비계에서 내려오지 않았다. 붓을 내려놓는 법이 없었다. 밥을 먹고 물을 마시는 것조차 잊은 듯 쉬지 않고 그림을 그렸다. 때로는 이틀, 사흘, 나흘까지 붓에는 손도 대지 않고 팔짱을 낀 채 그림 앞에 서서 그림 속의 인물들을 살펴보며 혼자서 비판하곤 했다."

증언 중 새벽부터 해 질 무렵까지 비계에서 내려오지 않았다는 것, 며칠 동안 그림 속 인물들을 바라보며 깊은 생각에 잠겼다는 것에서 그가 얼마나 이 작업에 집중하고 몰입했었는지 짐작할 수 있다.

〈최후의 만찬〉 작업은 더디게 나아갔다. 언제나 그랬듯이 다빈치는 생각하고 또 생각하면서 그렸다. 그는 예수 제자들 얼굴에 적합한 인물을 찾아 밀라노 거리를 오가기도 했다. 그는 인물을 그릴 때 그가 어떤 사람인지 생각했다. 사려 깊은 사람인가 그렇지 않은가, 화를 잘 내는 사람인가 차분하고 조용한가, 귀족인가 평민인가, 성인인가 악인인가 등을 생각하고 판단이 내려지면 그런 유형의 사람이 있는 곳으로 가서 관찰했다. 그리고 그림에 필요한 요소를 발견하면 조그만 공책에 기록했다. 그렇게 반복된 과정을 거친 다음에 충분히 정보가 수집되면 그제야 그림을 그리기 시작했다.

레오나르도 다빈치의 작업은 약 7년이 지나서야 마무리 됐다. 명작은 이렇게 오랜 시간 몰입하는 과정을 통해 탄생했다.

일본 최초로 노벨 화학상을 수상한 저명한 생리화학자 후쿠이 겐이치(1918~1998)는 그가 근무했던 교토 대학 근처 2km 남짓한 '철학의 길(哲学の道)'을 사색하며 자주 걸었다. 겐이치 교수는 1981년 노벨 화학상을 받은 후 수상 비결을 묻자 '아침에 일어나 철하

의 길로 이어지는 경사진 산책길을 걸으며 생각을 정리한 것'이라고 했다. 깊은 생각과 몰입이 학문적 성취로 이어진 것이다.

제인 구달은 1971년 《인간의 그늘 아래서》란 책을 출간했다. 14년간 아프리카 정글에서 침팬지와 함께 생활하며 연구했던 결과물인 이 책은 세계적인 관심을 받았다. 또 미국, 유럽 등지에서 꾸준한 사랑을 받으며 많은 대학의 교재로도 채택되었다. 그 전까지 다른 연구자들이 생각하지 못했던 방법으로 직접 침팬지 사회에 들어가 몰입했던 그녀는 한 가지 생각에 깊게 몰입하는 것이 얼마나 큰 성과를 만들어 낼 수 있는지 몸으로 보여 주었다.

어느 분야든 최고의 성과를 이룬 사람들은 공통적으로 하나의 주제에 깊이 몰입하여 잠재력의 최대치를 이끌어 냈다. 위대한 인물들의 천재성은 타고난 것이 아니라 자기 안에 잠들어 있는 '또 다른 나'를 흔들어 깨웠기 때문이다.

현대에 들어와 많은 학자는 천재적인 인물들의 공통점을 발견하기 위해 많은 노력을 했다. 하지만 연구를 통해 그들이 발견하려고 했던 것들이 서로 모순되면서 번번이 실패했다. 그들 사이에는 공통점보다는 상반된 점이 많았다. 어떤 이는 일찍부터 신동으로 이름을 날렸지만, 늦은 나이에 천재성을 발휘한 사람도 많았다. 일류 대학을 나와 연구를 한 사람도 있었지만 다빈치처럼 독학을 한 사람도 있었다. 부모가 엄격하게 훈련을 시킨 사람도 있었지만 자유분방하게 하고 싶은 일을 한 사람도 있었다. 그런데 심리학자들은 이처럼 서로 다른 배경을 갖고 있던 이들에게서 하나의 공통점을 발견했다. 그것은 바로 무언가에 대한 강렬한 호기심과 열정이었고, 또 하나는 오랜 시간 동안 강력한 집중력을 유지하는 몰입이었다.

창의와 혁신의 아이콘인 스티브 잡스는 〈비즈니스 위크〉와의 인터뷰에서 이렇게 말했다.

"내 만트라(mantra) 가운데 하나는 집중과 단순함입니다. 단순함은 복잡한 것보다 어렵습니다. 생각을 명확하고 단순하게 하려면 더 많은 노력이 필요합니다. 하지만 그럴 만한 가치는 충분합니다. 일단 생각을 명확하고 단순하게 만들 수 있는 단계에 도달하면 당신은 산도 옮길 수 있을 테니까요."

몰입하려면 생활을 단순하게 해야 하고 규칙적인 생각의 시간을 가져야 한다. 몰입은 자신의 잠재 능력을 끌어내어 지금까지 경험하지 못한 '최고의 나'와 만나는 시간이다.

따라서 공부하면서 몰입을 경험하고, 몰입을 통해 생각의 폭발을 경험한다면 자신의 가능성에 새롭게 눈뜨게 될 것이다. 그렇게 되면 어려운 문제를 만나도 걱정하거나 당황하지 않고 깊은 생각의 몰입을 통해 문제를 해결할 수 있다. 창의와 융합 시대를 맞아 가장 강조하는 '창의력과 문제 해결 능력'은 몰입을 경험하고 생활

화함으로써 가능하다. 그러므로 학생들은 몰입하는 방법을 멀리서 찾을 것이 아니라 매일 하는 공부를 통해 몰입을 경험할 수 있도록 해야 한다. 단편적으로 공부의 기술을 익힐 것이 아니라 몰입의 관점으로 바라볼 필요가 있다. 몰입도를 올리고 생각의 오솔길을 거닐다 보면 깨달음의 순간을 맞이하게 된다. 그렇게 몰입을 경험하면서 저절로 공부 기술도 익히게 된다.

이 책은 공부에서 가장 중요한 집중과 몰입의 원리를 깨달아 현장에서 실천할 수 있는 길을 제시하는 데 주력했다. 공부가 힘든 것은 몰입이 되지 않아서다. 공부를 하지 않던 사람도 시험이 다가오면 공부를 하려고 노력한다. 그런데 처음에 시험 공부를 시작하면 집중이 되지 않아 딴짓을 하거나 답답해 한다. 그러다가 도저히 더 이상 미뤄서는 안 된다는 생각이 들면 억지로 책상 앞에 앉아 공부를 하는데 그렇게 몇 시간을 하게 되면 몰입이 되기 시작하고 공부가 흐름을 타고 흘러가기 시작한다. 그리고 시험 당일쯤 되면 몰입도는 최고조에 이르러 다른 일에는 신경도 쓰지 않고 공부만 하는 자신을 발견하게 된다. 만약 이러한 몰입을 평상시에도 실천할 수 있다면 누구라도 공부의 달인이 될 것이다.

이 책은 평소 공부에서도 몰입을 훈련하고 실천할 수 있도록 몰입 대가들의 예화 중심으로 이야기를 전개했다. 책에서 제시하는 방법들을 가능한 것부터 실천해본다면 시나브로 몰입의 바다에 빠져드는 자신을 발견할 것이다.

이 책을 통해 많은 학생들이 몰입의 원리를 깨닫고 창의적인 삶을 살아가는 계기를 만들기를 기원한다.

2018. 8.

정 형 권

| 차 례 |

PART
04

몰입
공부법

PART
05

**몰입
실천하기**

PART 01

몰입은
최고의 나를
만든다

10대를 위한 몰입 공부법 ● ● ●

01

몰입은
최고의 나를
만든다

1920년대 초 독일에 살고 있던 아인슈타인은 극심한 인플레이션으로 경제적 고통을 겪었다. 하지만 어려움 속에서도 아인슈타인은 오직 연구에 매진하고 있었다. 그의 어려운 사정을 알고 미국에 있는 지인들이 그에게 수표를 보내 주었다. 그런데 몇 주일이 지나도록 아무런 답장이 없었다. 그들은 틀림없이 아인슈타인에게 무슨 일이 생겼을 거라고 여기고, 아인슈타인을 잘 아는 사람에게 상황을 설명하고 어떻게 하면 좋을지 물었다. 그러자 그 사람은 이렇게 물었다.

"설마 그 수표를 아인슈타인에게 직접 보낸 것은 아니겠지요?"

"아니요. 아인슈타인에게 직접 보냈습니다. 그를 굶주림에서 구해야 하니까요."

"수표는 아인슈타인 부인에게 보내야 합니다. 어서 아인슈타인 부인에게 전보를 보내도록 하세요."

그래서 그들은 아인슈타인 부인에게 다시 전보를 보냈다. 전보를 받은 부인은 아인슈타인이 읽고 있던 책 사이에 수표가 꽂힌 것을 발견했다. 아인슈타인은 수표를 책에 꽂아 둔 채 배고픔도 잊고 연구에 깊이 빠져들었던 것이다. 그 후부터 지인들은 아인슈타인 부인에게 수표를 보냈고, 그 가족들은 경제적 어려움에서 벗어날 수 있었다.

아인슈타인의 친구인 물리학자 오토 프리쉬는 아인슈타인이 가진 천재싱의 비결로 집중력을 꼽았다.

"아인슈타인은 놀라울 정도로 집중력이 강했다. 나는 그의 진정한 비밀은 몇 시간이고 집중할 수 있는 능력이라고 확신한다. 우리 대부분이 수 초 동안만 해낼 수 있는 정도의 집중을 그는 여러 시간 동안 완벽하게 해낸다."

아인슈타인은 '집중하면 6시간 걸릴 일을 30분 만에 끝낼 수 있지만, 그렇지 않으면 30분 걸릴 일을 6시간이 지나도 못 끝낸다.'고 말했다. 아인슈타인이 천재라는 것은 누구나 아는 사실이지만 그의 천재성이 지능이 아니라 집중을 유지하는 힘, '몰입'이라는 것을 간과한다.

역사상 최고 과학자로 꼽히는 뉴턴도 '몰입'의 달인이었다. 그는 자신의 집 실험실에서 연구에 지나치게 열중한 나머지 점심 식사에 초대했던 동료 교수의 방문을 잊어서 손님 혼자 식사를 하게 만들기도 했다. 또 놀라운 진리를 어떻게 발견할 수 있었냐는 질문에 "나는 어떤 문제에 부딪히면, 옅은 빛이 조금씩 환해져서 완전히 밝아질 때까지 그 문제를 끊임없이 고민합니다."라고 답한 사실에서 그가 얼마나 몰입했는지 알 수 있다. 뉴턴은 말했다.

"발명으로 가는 길은 부단한 노력에 있다. 끈질긴 집중이야말로 위대한 발견의 기초이다. 나는 특별한 방법을 가진 것이 아니라, 단지 무엇에 대해 오랫동안 깊이 사고할 뿐이다. 굳센 인내와 노력 없이 천재가 된 사람은 아무도 없다."

뉴턴이나 아인슈타인처럼 인류 역사상 위대한 창의적 업적을 이룬 사람들의 공통점은 바로 하나의 생각에 집중하는 '몰입'의 대가라는 점이다. 1998년 노벨 생리의학상을 받은 루이스 이그내로도 수상 비결을 묻자 "과학은 9시 출근, 4시 퇴근하는 일이 아니다. 매일 24시간 '왜, 어떻게'가 머리를 떠나지 않아야 한다."라고 강조했다.

몰입을 하면 사고를 통한 문제 해결 능력을 키우고 내 안에 잠든 천재성이 깨어난다. 낯선 문제에 부딪혀도 두려워하지 않고 문제와 정면 대응을 할 수 있다.

누구나 최고의 나를 꿈꾼다. 내 안에 잠든 최고의 나를 깨우는 방법은 무엇일까? 자칫하다가는 '최고의 나'를 한 번도 못 만나고 생을 마감할지도 모른다. 그를 깨우는 마법 주문이 있다면 한번 외워 보고 싶다. 하지만 그런 방법은 없다. 방법이 있다면 오직 하나, '몰입'이다. 집중에 집중을 더하여 나를 온전히 잊고 최고의 나와 함께하는 시간. '최고의 나'는 잠재력이 극대화해 나타난, 나도 잘 모르는 최고 실력의 존재다. 평소의 나와는 다른 존재로서 내 능력이 극대치로 발휘된 신(神)적인 존재라고 할 수 있다.

사람은 모든 가능성을 가진 존재이다. 우리가 자신의 가능성을 믿고 온전히 하나에 집중하여 몰입할 수 있다면 그것은 신천지를 발견하는 일보다 더 큰 기쁨일 것이다. 이 세상에 아직도 발견되지 않은 미개척지가 많듯이, 우리 안에도 발견되지 않아 발휘되지 못한 영역들이 많이 숨어 있다. 보석처럼 빛나는 가치들이 내 안에 담겨 있지만 우리가 흔들어 깨우지 않는다면 영원히 잠든 채 깨어나지 못할 것이다.

'몰입'은 나를 찾아 떠나는 여행이다. 여행을 통해 반짝반짝 빛나는 나를 만나 기쁨에 눈물 흘리며 환희에 차 감격하는 시간이다. 우리가 공부할 때도 몰입할 수 있다면 정보를 수집·정리·이해·암기하는 능력은 급격히 향상된다.

몰입하지 못하는 공부는 의무감과 쫓기는 마음, 남과 성적을 비교하는 데서 오는 불안감 등이 생겨 공부의 참맛을 느낄 수 없게 된다. 그러므로 먼저 내가 공부할 때 몰입하고 있는지, 집중하는 시간이 얼마나 되는지부터 점검하는 것이 좋을 것이다. 몰입은 공부에 대한 재미와 흥미를 높이고, 자연스레 성적 향상으로 인도한다.

즉, 공부하는 시간이 새로운 가치를 발견하는 기쁨의 연속이며 깨달음의 쾌감을 주는 꿀맛 같은 시간임을 단 한 번이라도 체험한다면 공부의 달인이 되는 길도 멀지 않다.

생각의
마라톤

"선생님, 내일 시험인데요. 오늘 지구에 종말이 오면 좋겠어요."

"선생님, 곧 시험인데요. 오늘 자고 나면 안 깨어나면 좋겠어요."

"선생님, 공부 때문에 너무 스트레스 받아요."

오늘도 많은 학생들이 공부 때문에 고통을 호소하고 있다. 공부가 필요하고 중요한 것은 알지만 너무 힘들고 어렵다고 한다.

"선생님, 저 지금 제 인생에서 가장 열심히 공부하고 있어요."

"선생님, 이렇게 열심히 공부하는데도 성적이 잘 안 올라요."

고등학생이 되면 누구라도 열심히 공부하려고 한다. 고등학교 3학년이 되면 모든 학생이 자기 인생에서 가장 열심히 공부한다. 하지만 생각만큼 능률이 오르지 않고, 성적도 오르지 않아 고민을 많이 한다.

대체 무엇이 학생이 공부를 힘든 노동으로 여기게 만들었을까? 또한 학생들은 왜 이리 공부를 재미없어 할까? 그리고 열심히 하려고 하는데 왜 집중이 되지 않고 능률이 오르지 않는 걸까? 공부가 꼭 필요하고 중요한 것이라면 재미있게 할 수는 없을까?

그런데 주위를 둘러보면 공부를 오랫동안 집중해서 하는 친구들을 볼 수 있다. 괴물처럼 쉬는 시간에도 책을 보고, 뭔가 골똘히 생각하는 친구들을 보면 '뭔가 나와는 다른 종자인가?'라는 생각이 든다. 그들은 공부를 재미있어 한다. 그리고 여러 시간을 해도 힘들어 하지 않는다. 아니, 어떤 때는 시간이 흐를수록 더 몰입하는 것처럼 보인다.

이런 학생들에게 "공부를 잘하려면 어떻게 하면 되니?" 하고 물으면 "그냥 열심히 하면 돼."라는 얄미운 대답을 듣곤 한다. 물론 그 학생 입장에서는 사실대로 답한 것이겠지만 듣는 사람은 뭔가 특별한 비밀을 숨기고 가르쳐 주지 않는다고 오해할 수도 있을 것이다.

이런 학생들의 공통점은 공부하는 양적 시간에 관계없이 공부하는 시간만큼은 집중을 굉장히 잘한다는 것이다. 그리고 책상에 앉아서 공부하는 시간 말고도 공부와 관련된 것을 머릿속으로 계속 생각한다. 즉, 약한 몰입 상태에서 공부와 연관된 것들을 생각하면서 생각의 끈을 놓치지 않으려고 한다.

생각의 단절은 공부의 지속성을 방해한다. 공부는 모르는 것을 알아가는 과정이며, 내 것이 아닌 것들을 내 것으로 만들어가는 훈련의 연속이다. 따라서 생각을 중단하는 것은 훈련을 중단하는 것으로, 앞으로 나아가는 것이 아니라 뒤로 후퇴하는 것을 의미한다.

그러므로 공부하는 사람은 공부를 계속 지속하는 방법을 알고 실천해야 한다. 바로 그 방법이 '몰입의 실천'이다.

몰입은 생각의 완급을 조절하며 앞으로 나아가는 창조적 과정이다. 몰입은 집착과 다르며, 걱정과 같은 부정적인 감정으로 들어가는 것도 아니다.

몰입은 긍정적인 감정을 바탕으로 생각의 세기를 조절하고 지속하여 물음에 해답을 구하는 생각의 마라톤이다. 마라톤은 장거리 경기다. 100미터 경주처럼 짧은 시간에 승부가 나지 않는다. 자신을 바로 알고 관찰하며 자신에게 맞는 방법을 찾아 일정 기간 훈련을 통해 꾸준히 연습한다면 누구든 몰입을 체험하고 '최고의 나'를 만날 것이다.

그리고 그 과정에서 공부의 꿀맛과 기쁨을 체험할 것이다. 공부의 과정 자체에서 의미를 발견한다면 생각보다 쉽게 빨리 몰입에 들어가게 된다. 공부를 잘하기 위해서는 즐기는 공부를 해야 하고, 그러기 위해서는 우선 몰입으로 들어가야 한다.

공부에 대한
오해와
진실

　많은 학부모와 학생을 만나다 보면 자신도 모르게 공부에 대한 오해를 가지고 있음을 발견한다. 학부모들은 '공부란 이렇게 해야 한다'라는 나름의 고정관념을 가지고 있어서 자녀가 본인이 생각하는 방식대로 하지 않으면 문제가 있는 것으로 간주한다. 자녀의 성적이 잘 나오지 않는 이유도 시키는 대로 하지 않았기 때문이라고 생각한다. 또 학생들도 공부법 책에서 본 내용이나, '공신'이라 불리는 사람들의 공부 방법에 맞춰서 쫓아가야 공부를 잘할 거라고 믿는 경우를 볼 수 있다. 하지만 그런 방법들은 모두 그 사람들이 자신에게 맞는 방법을 스스로 터득하여 습관화한 것이므로, 자신에게 맞지 않으면 도리어 역효과가 날수 있으니 주의해야 한다. 그렇다면 공부에 대해 가지고 있는 몇 가지 오해를 살펴보자.

▌공부는 책상 앞에 앉아 조용히 하는 것이다?

조용한 곳에서 공부하면 더 잘 집중할 수 있는 것이 사실이다. 하지만 반드시 조용한 곳에서만 공부할 수 있는 것은 아니다.

공부는 조용한 환경뿐 아니라 시끄럽거나 산만한 환경에서도 할 수 있어야 한다. 나는 주로 대중교통을 이용한다. 전철은 책 읽기에 안성맞춤이라 부족한 독서 시간을 확보할 수 있으므로, 언제나 나는 책을 준비해서 그 시간에 책을 읽는다. 그러면 2~3일에 한 권 정도는 읽을 수 있다. 그러다 보니 전철이나 버스에서 책을 읽을 때 집중력이 더 높아지는 것을 경험했다. 몰입에 관한 이 책도 버스와 전철에서 목차와 기본 구성을 생각했다.

시끄러운 환경에서 집중할 수 있는 학생은 환경에 구애받지 않고 언제 어디서나 공부할 수 있으므로 다른 사람보다 더 많이 공부 시간을 확보할 수 있다. 누구나 똑같이 24시간이 주어지지만 몰입을 잘하는 학생은 훨씬 더 많은 시간을 공부하므로 그 성과도 높을 수밖에 없다.

▊ 학습량이 많아야 공부를 잘한다?

2015 PISA 국제학업성취도 평가에서 우리나라 학생들의 수학·과학 성적은 높은 데 반해, 흥미도와 공부에 즐거움을 느끼는 정도가 OECD 회원국 평균 이하로 낮다는 분석이 나왔다. 이러한 결과는 매번 검사가 있을 때마다 비슷하게 나오는 상황이다.

이는 학생들이 공부를 자발적으로 하지 않고, 시간이 흐를수록 학습에 대한 동기와 끈기가 줄어들고 있다는 것을 의미한다. 즉, 억지로 공부하는 학생이 많다는 것이다. 시키지 않으면 공부하지 않으니까 학원이나 학교에서는 계속해서 학습량을 늘리려고 숙제를 많이 내주게 된다. 이것은 악순환의 고리를 만드는 지름길이다.

아령으로 근육을 키우는 방법은 조금씩 무게를 늘려가는 것이다. 물론 본인의 체력과 몸 상태를 보면서 무리하지 않을 정도로 조금씩 매일 늘리면 된다. 공부할 때도 본인이 할 수 있는 분량보다 약간 많거나, 자기 실력보다 약간 어려운 문제가 적합하다. 공부할 분량이 너무 많아서 포기하고 싶은 마음이 든다면 애당초 집중하기 힘들다. 따라서 스스로 할 수 있는 만큼의 분량을 정하고, 그 시간만큼은 몰입하고 집중하도록 해야 한다.

학습량도 중요하지만 그 시간에 집중할 수 있어야 공부의 능률이 오르고 그만큼 효과를 볼 수 있다. 공부를 끝마쳤을 때 만족감이나 보람이 느껴지지 않는다면 그 공부는 오래갈 수 없다. 만족감과 보람은 집중도에 달려 있다. 몰입해서 한 공부라면 당연히 성취감을 느낄 것이다. 성취감은 자존감 향상으로 이어진다. 즉, 공부의 선순환 구조가 만들어지는 것이다.

▪ 공부 방법을 알아야 한다?

상담을 하다 보면 이렇게 얘기하는 학생을 많이 볼 수 있다.

"제가 공부 방법을 잘 모르는 것 같아요. 그래서 공부를 못하는 것 같아요."

무슨 일이든 방법을 안다면 더 쉽게 잘할 수 있다. 공부도 마찬가지다.

하지만 무슨 일을 하든지 잘하기 위해서는 우선 그 일을 많이 해봐야 한다. 야구 선수가 야구를 잘하기 위해서는 우선 연습 시간 자체를 늘려야 하는 것과 같다. 일정한 시간을 훈련하다 보면 더 잘 하기 위해서 어떻게 해야 할지 고민하게 된다. 방법에 대한 고민을 하는 것이다. 타격 자세를 교정한다든지, 팀 플레이를 더 잘하기 위해 연습한다든지, 상대 투수에 대해 연구함으로써 좀 더 효과적인 방법으로 자신을 향상시킨다.

그런데 상담하면서 만나는 학생 대부분은 공부 방법에 대한 고민보다 공부하는 시간 자체를 늘려야 하는 경우가 훨씬 많았다. 책상에 앉아 공부하는 시간을 힘들어 하거나, 혼자서 책을 읽는 것이 몸에 배지 않아 집중이 안 되고, 책을 읽으면서 무슨 내용인지 이해하기도 힘들다면, 우선 책을 읽거나 공부하는 시간을 좀 더 늘려야 한다.

공부를 잘하기 위해서는 공부 방법도 중요하지만 공부에 쏟는 절대 시간을 반드시 확보해야 한다.

집중력은
마음의
근육이다

집중을 못해서 공부가 힘들다고 하소연하는 학생들이 많다. 공부를 잘하고 싶은데 책상 앞에만 앉으면 이런저런 잡생각 때문에 공부에 집중할 수 없어 괴롭다는 것이다. 사실 집중이 안되는 공부는 학생 자신에게 가장 힘들고 고통스럽다. 공부를 끝내도 끝낸 것 같지가 않고 무기력해지니 얼마나 답답할까?

많은 학생이 공부를 잘하고 싶지만 공부의 벽을 넘지 못하는 가장 큰 이유는 집중이 안돼서다. 성적에 관계없이 집중만 된다면 오래지 않아 공부도 잘되고 성적도 오를 것이다.

기초 학습 능력이 떨어져 꼴찌를 하다가 어떤 계기로 공부를 시작하여 급속도로 성적이 향상한 학생들을 가끔 만난다. 이들의 성공 요인은 타의 추종을 불허하는 무서운 집중력에 있다. 보통 읽기, 쓰기 등 기초 학습이 부진한 학생은 공부를 잘하고 싶다가도 책을 보거나 수업을 들을 때 무슨 이야기인지 잘 몰라 쉽게 좌절하고 포기하곤 한다. 그러나 이런 학생들은 그런 상황에서도 포기하지 않는다. 이들에게도 공부는 높고 험한 산과 같다. 하지만 그 산을 넘고 싶은 간절한 마음과 넘어져도 다시 일어나겠다는 굳센 의지, 그리고 한 발 한 발 나아가면서 만들어진 자신감이 더해 마침내 그 산을 넘는 것이다. 그러므로 집중과 몰입은 모든 것을 이루는 전제 조건이라고 할 수 있다.

따라서 공부 시간이나 학습량에 초점을 맞추기보다 얼마나 집중했는가에 초점을 맞춘다면 효과적인 공부가 될 수 있을 것이다. 집중을 잘 못하는 학생도 자신은 집중력이 떨어지니 공부를 잘 못할 것이라고 미리 단정 지을 필요는 없다. 집중력은 훈련에 의해 얼마든지 계발할 수 있는 능력이다.

▪ 능동적 집중력을 키우려면?

집중의 중요성에 대해서는 모두가 잘 알고 있다. 게임을 할 때처럼 공부할 때도 집중을 잘 하길 고민하는 학생들이 많다. 어떻게 하면 집중력을 잘 훈련할 수 있을까?

인간은 본능적으로 새롭고 강한 자극에 집중한다. 반면 이미 알고 있거나 반복되는 자극에는 집중하지 못한다. 게임이나 텔레비전 프로그램처럼 새롭고 신기한 것을 접할 때는 의식적으로 노력하지 않아도 주의력이 향상되고 집중력은 자연스럽게 높아진다. 이 과정은 자신의 의지와 상관없이 이루어지므로 '수동적 집중력'이라고 불리는데, 생존을 위해 본능적으로 발달한 능력이다.

한편 학습할 때는 '능동적 집중력'이 필요하다. 같은 교과서를 반복해서 읽으면 새로운 자극이 들어오는 게 아니라서 금방 지루해지고 하품이 나온다. 이미 한 번 접한 정보나 지식은 다시 봐도 새로운 자극이 생기지 않는다. 내 시선을 끌지 못하므로 의식의 각성을 이루기 어렵고 주의 집중이 이뤄지지 않는다.

하지만 공부를 잘하는 학생들은 반복되는 지루함 속에서 새로운 자극을 찾는 방법을 알고 있다. 그러니 계속 집중해서 책을 볼 수 있는 것이다. 책을 볼 때마다 지난번에 발견하지 못한 새로운 내용과 궁금한 것에 대한 의혹이 해소되면서 새로운 깨달음을 얻는다. 그러한 깨달음은 새로운 동기가 되어 같은 책을 반복해서 읽게 만든다.

감동적이거나 인상 깊던 영화를 여러 번 본 기억이 있을 것이다. 그런데 2~3번 반복해서 보다 보면 이제까지 보이지 않던 새로운 것들이 눈에 띈다. 등장인물의 성격과 사건 배경, 전체적인 스토리 등등. 영화 전체가 큰 틀로 이해가 되고 지나쳤던 대사들이 또렷이 들린다. 화면 여기저기에 배치된 소품들도 왜 거기 놓여서 연출되었는지 이유가 생각나고, 감독의 시각에서 영화를 보게 된다. 극장을 떠나서도 영화의 내용이 생각나고 머릿속으로 나름대로 분석도 한다.

공부를 할 때도 이와 같은 방법으로 새로운 것들을 찾아내는 훈련을 한다면 집중력이 많이 계발될 것이다. 책을 여러 번 보면서 예전에 발견하지 못한 새로운 원리나 의미를 찾아내기 위해서는 적극적인 노력과 훈련이 필요하다.

처음에는 집중해서 공부하다가도 조금만 지나면 쉽게 흐트러지는 경우가 많다. 가장 중요한 요소라고 할 수 있는 '집중 유지 능력'이 떨어지는 것이다. 집중을 유지해야 깊은 몰입으로 들어갈 수 있고, 시간이 흘러도 공부가 힘들지 않다. 마치 비행기가 처음에 이륙하기 위해서는 많은 힘이 필요하지만 일단 높은 고도를 유지하고 궤도에 진입하면 크게 힘들이지 않고 목적지로 갈 수 있는 것과 같다.

집중력은 그 사람의 생명력이라고 할 수 있다. 집중력이 강하다는 것은 그만큼 생명력이 강한 것이고, 집중력이 흐트러지고 있다는 것은 생명력이 약하다는 반증일 것이다.

그리고 집중력이 강하다는 것은 주변 상황에 흔들리지 않고 상황을 돌파해 갈 수 있는 능력이 강하다는 것을 의미한다. 집중력이 약한 사람들은 주변의 방해에 쉽게 흔들리지만, 집중력이 강한 사람들은 그만큼 상황 돌파력이 뛰어나다.

가령 독서할 때 동일한 강도의 소음이 들어와도 집중력이 있을 때와 없을 때에 반응 양상이 전혀 달라지는 것을 알 수 있다. 집중력이 떨어지면 주변 소음이나 외부 방해 요소에 스스로 무너지면서 자기 할 일을 놓치고 마는 것이다. 그러니까 집중력은 상황 돌파력이라고 할 수 있다.

또 집중력은 일이나 공부의 맑고 깨끗한 정도를 결정한다. 집중력이 떨어진다는 것은 잡념이 많다는 것이고, 잡념이 많을수록 일도 공부도 혼란스러워진다.

흔히 '정성스럽다'는 표현을 하는데, 정성은 집중의 다른 표현이다. 어떤 사람이 연구에 몰두하는 모습을 보고 있노라면 혹시 방해되지는 않을까 생각하면서 행동을 조심하게 된다. 또 누군가를 위해 열심히 기도하는 모습을 보면 보는 사람도 마음이 차분해지고 정갈해지는 것을 느낀다. 기도하는 사람의 집중된 마음이 전해져서일 것이다. 실제로 절이나 교회에서 기도할 때 중요하게 얘기하는 것이 집중이다. 다른 말로 간절함이다. 간절한 기도가 기적 같은 결과를 만들어 낸 체험담을 주변에서 듣곤 한다. 평소에는 생각지도 못한 일들이 마음의 집중과 몰입으로 이루어져서 당사자도 놀라는데 그때의 나는 이제껏 만나지 못한 '최고의 나'인 것이다. 따라서 몰입은 '새로운 나'를 발견하는 과정이자, 나의 의식 지평을 새로운 차원으로 확장시키는 일이다.

미국 심리학자 대니얼 골먼 박사는 "집중력은 마음의 근육이다."라고 했다. 훈련을 통해 근육을 발달시킬 수 있듯이 집중력도 발달시킬 수 있다는 뜻이다. 우리가 건강을 위해 운동을 꾸준히 하려고 노력하는 것처럼 집중력 계발 또한 지속적인 훈련과 노력이 필요하다.

혼자
공부하는
시간

혼자 꾸준히 하는 공부가 강의를 많이 들으면서 하는 공부보다 효과가 좋다는 연구 결과가 발표된 적이 있다. 이 연구 보고서에 의하면 혼자 공부한 시간이 많을수록 수능 성적이 뚜렷이 향상되었다고 한다.

중·고교 때 혼자 공부한 시간은 대학 학점이나 최종 학력, 시간당 임금까지 좌우하는 것으로 분석됐으며, 이 보고서에 따르면 고등학교 3학년 때 1주일당 혼자 공부한 시간이 많을수록 수능 점수가 올라가는 효과도 뚜렷하다고 한다.

또한 고등학교 2학년 때 혼자 공부한 시간이 많을수록 대학

학점이 높아지는 효과가 있었고, 혼자 공부한 시간이 하루 평균 1시간 많을수록 취업 후 시간당 임금이 3~4% 정도 상승하는 효과가 나타났다고 보고서는 전했다.

즉, 혼자 힘으로 공부한 경험이 많으면 대학이나 사회에서도 잘 해낸다고 해석된다. 하지만 무슨 일이든 혼자서 해 나가려면 어렵고 힘들고 불안한 일들이 많다. 초등학교부터 고등학교까지 시기는 혼자서도 공부할 수 있는 힘을 기르고, 세상을 향한 준비를 하는 시기다.

학원이나 과외, 인터넷 강의(인강) 등에만 의존하여 공부를 습관화한 학생들은 대학에 가서 당황하곤 한다. 더 이상 과외나 학원, 인강의 혜택을 받기가 힘들기 때문이다. 실제로 나에게 서울 모 대학을 다니는 학생들에게서 공부하는 방법을 가르쳐 달라는 전화가 온 적이 있었다. 그 학생들의 고민은 공부를 어떻게 해야 할지 모르겠다는 것이었다. 고등학교 3년 동안 그렇게 열심히 공부해서 서울에 있는 대학에 들어갔는데, 역설적이게도 공부하는 방법을 모르겠다니……. 하지만 이런 문제로 고민하는 대학생들이 많다. 따라서 초등학교부터 고등학교까지 시기에 혼자서 하는 자기주도학습 능력을 키운다면 대학과 사회에 나가서도 얼마든지 새로운 공부를 잘 해 나갈 수 있을 것이다.

혼자서 하는 공부는 생각하는 시간을 많이 가져야 한다. 생각하는 시간이 많아야 집중력이 올라가고 공부 방법을 배우게 된다. 걷는 것을 귀찮아하면 다리에 힘이 약해져서 나중에는 걸을 수 없게 되듯, 생각하는 것을 귀찮아하면 혼자 공부하는 자기주도학습 능력을 영원히 기를 수 없다.

운동이 건강에 좋다는 것을 알지만 매일 운동하기가 힘들듯, 생각하는 힘이 중요하다는 걸 알면서도 매일 실천하기는 어렵다. 옆의 누군가에게 의존해서 문제를 풀고 답을 구하기는 쉽지만, 나를 가르쳐 주실 선생님이 없다면 불안하고 무엇을 해야 할지 몰라 우왕좌왕하게 된다.

그러므로 매일 일정 시간 동안 혼자 공부하는 시간을 확보해야 한다. 과외나 학원도 혼자 공부할 시간을 확보할 수 있는 한도 내에서 다니는 것이 좋다.

혼자 공부하는 시간을 많이 가지면 문제 해결 능력이 향상된다. 좀처럼 풀리지 않을 것 같은 문제를 이리저리 생각하면서 탐구하고 궁리하다 보면 어느 순간 해결책이 떠오른다. 그리고 문제를 해결했을 때 자신감은 말할 수 없이 상승하며, 앞으로 어떤 어려운 문제를 만나도 생각하고 연구하면 해결할 수 있다는 믿음을 갖게 된다.

이런 믿음은 가치관에 변화를 가져오고 사물을 바라보는 방식을 달라지게 한다. 혼자 공부하는 몰입 공부 습관은 인격 변화를 가져와, 공부와 인성이라는 두 개의 수레바퀴를 동시에 굴리게 한다.

치타와
토끼

초원에서 치타가 토끼를 뒤쫓고 있다. 이때 토끼는 무슨 생각을 하고 있을까? 당연히 '살아야겠다, 도망쳐야겠다'는 생각만 하고 있을 것이다. 반대로 치타는 무슨 생각을 하면서 달릴까? 물어볼 것도 없이 '토끼를 꼭 잡아야겠다'는 생각을 하면서 달릴 것이다.

만약 토끼가 잠시 딴생각을 하면 어떻게 될까? 치타에게 금방 잡아먹히고 말 것이다. 반대로 치타가 달리다가 딴생각을 하면 어떻게 될까? 십중팔구 토끼를 놓치고 말 것이다. 그러니 치타든 토끼든 딴생각을 할 수 없다. 집중력을 흩트리는 순간 목

◆ 소방 분야

강좌명	수강료	학습일	강사
소방설비기사 필기+실기+실기 핵심 과년도	370,000원	170일	공하성
소방설비기사 필기	180,000원	100일	공하성
소방설비기사 실기 과년도 문제풀이 포함	280,000원	180일	공하성
소방설비산업기사 필기+실기	280,000원	130일	공하성
소방설비산업기사 필기	130,000원	100일	공하성
소방설비산업기사 실기	200,000원	100일	공하성
화재감식평가기사 · 산업기사	192,000원	120일	김인범

◆ 환경 분야

강좌명	수강료	학습일	강사
대기환경기사 · 산업기사 필기	200,000원	180일	이승원
대기환경기사 · 산업기사 실기	100,000원	30일	이승원
수질환경기사 필기 과년도문제풀이 포함	170,000원	120일	장준영
수질환경산업기사 필기 과년도문제풀이 포함	150,000원	120일	장준영
수질환경기사 · 산업기사 필기	150,000원	90일	이승원
수질환경기사 · 산업기사 실기	100,000원	30일	이승원
폐기물처리기사 · 산업기사 필기	150,000원	90일	이승원
폐기물처리기사 · 산업기사 실기	100,000원	30일	이승원
온실가스관리기사 · 산업기사 필기	180,000원	60일	강헌, 박기학
온실가스관리기사 · 산업기사 실기	162,000원	60일	박기학
토양환경기사 필기+실기	400,000원	90일	이승원
환경기능사 필기 · 문제풀이+실기	210,000원	210일	이승원

적한 바를 이루지 못하기 때문이다.

그래서 치타와 토끼는 지금 둘 다 집중하고 있고, 그 집중이 시간과 함께 흘러가면 몰입을 하게 된다.

그런데 치타와 토끼의 몰입은 조건이 다르다. 토끼는 치타가 쫓아오지 않았다면 전력으로 질주하지 않았을 것이다. 그래서 토끼의 몰입을 '수동적 몰입'이라고 한다. 반면 치타는 토끼라는 목표를 정하고 혼신의 힘을 다해 달리고 있다. 바로 토끼라는 목표를 스스로 정해서 몰입하고 있으므로 '능동적 몰입'이라고 한다. 조건은 다르지만 둘 다 자기 잠재력을 최대한 발휘하고 있다.

내일 시험이 있다면 지금 나는 어떻게 할까? 시험을 포기한 경우가 아니라면 누구나 집중해서 열심히 공부할 것이다. 남은 시간은 많지 않고, 해야 할 학습량은 많으니 집중하는 수밖에 달리 방법이 없다. 바로 토끼처럼 수동적 몰입을 하는 것이다.

그렇게 시간을 보내고 학교에 가서 시험을 보는 시간이 되면 집중도는 최고조에 달한다. 시험 시간이 되면 문제지를 읽고 생각하고, 잘 기억나지 않는 것을 끄집어내느라 다들 자신의 집중력을 최대한 발휘한다. 학생들이 얼마나 집중하고 몰입하고 있는지, 볼펜 굴러가는 소리만 들리고 약속이나 한 듯이 고요하다. 마지막 종소리가 울리면 긴장은 풀어지고 며칠 동안 혼신의 힘을 다해 집중했던 마음은 그제야 평온을 되찾는다. 안도의 한숨을 쉬고 학교를 나서며 생각한다.

'시험 공부를 하듯이 만날 공부하면 성적이 정말 많이 오를 텐데……'

'며칠만 더 일찍 집중해서 시작했다면 시험 결과가 더 좋았을 텐데……'

시험이 다가오면 누구나 집중한다. 외부에서 조건이 주어지면 환경의 변화 속에서 집중하게 되는 것이다. 이런 종류의 몰입이 '수동적 몰입'이다. 하지만 수동적 몰입은 몰입을 만들어 준 환경이 바뀌면 더 이상 이어지지 않게 된다. 마치 치타가 쫓아오지 않으면 토끼가 더 이상 달리지 않는 것과 비슷하다. 평소에 시험 준비하듯이 공부하면 당연히 성적이 오를 텐데 시험이 끝나고 나면 다시 옛날 습관으로 돌아가기 일쑤이다. 따라서 학생들이 평소에 시험을 앞둔 기분으로 공부에 집중하기 위해서는 목표와 계획을 세워서 공부해야 한다. 치타가 토끼라는 목표를 정했듯이, 스스로 공부 목표를 세우고 능동적으로 몰입해야 한다. 그래야 모든 학생들이 생각하는 '평소에 시험 보듯이 공부했더라면 더 나은 결과를 만들 텐데……'라는 결과를 만들 수 있다.

내 능력의 최대치를 만드려면 '수동적 몰입'이 아닌 '능동적 몰입'을 실천해야 한다.

과정은
연결되어
있다

내가 〈서유기〉를 처음 만난 건 어릴 적 만화를 통해서다. 집에 표지와 앞뒤 페이지가 몇 장 뜯어진 두꺼운 만화책이 있었는데, 바로 손오공의 활약이 담긴 〈서유기〉였다.

나약하고 왜소해 보이는 삼장 법사를 따라 머나먼 서역으로 부처님의 진리가 담긴 서적을 구하러 가는 과정에서 겪는 수많은 사건들을 보면서 '이번에는 또 어떻게 위기를 극복하나?' 하고 가슴 졸였던 기억이 난다. 시간이 흐르고 〈서유기〉를 읽을 때마다 이해되지 않는 게 있었다.

'손오공에게 근두운(筋斗雲)이라는 초고속 비행기가 있는데 왜

힘들게 먼 길을 걷고 또 위험을 겪어야만 하는 것일까?'

나름대로 내린 결론은, '진리를 구하는 것은 겪을 것을 겪는 과정에서 얻어진다는 것'이었다. 편한 길이 있다고 해서 그 길로 간다면 설령 진리를 만난다고 해도 그것은 나의 것이 될 수 없다. 진리의 서적을 가졌다고 해서 내가 진리를 깨닫는 것은 아니기 때문이다. 좋은 참고서를 가지고 있다거나 유명한 선생님께 강의를 듣는다고 해서 내가 공부를 잘하게 되는 것이 아닌 것과 마찬가지다. 공부도 편하고 빠르게 갈 수 있는 방법은 없으며, 하나하나 단계를 밟아서 올라가야 하는 길이다. 공부는 내 힘으로 내 마음을 담아 내 안에서 얻어야 하는 내 몫이다.

그 같은 믿음은 〈심청전〉을 읽으면서 더욱 굳어졌다. 어려서 눈이 먼 아버지를 모시고 살아야 하는 운명을 타고난 심청에게 세상은 참으로 힘겹고 고통스러웠을 것이다. 걸을 수 있는 나이 때부터 홀로 아버지를 먹여 살려야 할 운명을 타고난 사람이 이 세상에 또 몇이나 될까?

하지만 심청은 원망하지도 불평하지도 않는다. 담담하게 현실을 받아들이고 아버지를 공양한다. 그 정도만 해도 참 대단한 일인데, 심청은 품어서는 안 되는 꿈을 꾼다. 바로 아버지의 눈을 뜨게 해 드려야겠다는 꿈이다.

간절한 기도가 통했을까? 절에서 기도를 하고 내려오던 중 공양미 삼백 석을 바치고 인당수에 몸을 던지면 아버지의 눈을 뜨게 할 수 있다는 말을 듣게 된다. 효심이 지극한 심청이 곧바로 이를 실행하려 하자, 평소 심청을 아끼던 장 승상 댁 마님이 그 얘기를 듣고 심청을 만류한다.

"내가 그 삼백 석을 대신 낼 테니 내 수양딸이 되거라."

이쯤에서 누구든 '이제 심청은 살았구나!' 하면서 안도의 한숨을 쉬게 된다. 그러나 또 한 번의 반전이 있으니, 심청이 이 제안을 거절한 것이다. 도대체 왜, 무엇 때문에 그리한 것일까?

대가를 치르지 않았기 때문이다. 희생을 하지 않고 얻는 것은 허상이므로 설령 원하는 것을 얻을 기회가 왔을지라도 거부해야 한다는 것이다. 그 진실한 염원에 하늘도 감동했는지 심청은 연꽃을 타고 다시 부활하여 세상에 나타난다. 예전의 심청이 아닌 세상을 구원할 새로운 능력자의 모습으로.

모든 일은 과정이 중요하다. '모든 순간이 미래로 연결되어 있다.'라는 스티브 잡스의 말처럼, 과정이 모여 결과를 만들고 그 결과는 다시 또 하나의 과정이 되어 미래를 창조한다. 결국 공부도 지금 내가 여기서 몰입하는 과정이 중요하다. 행복도 멀리 따로 존재하는 것이 아니라 '몰입'하는 지금 이 순간에 존재하는 것이다. 공부하면서 겪는 여러 과정을 대가로 지불했을 때 깨달음과 앎의 기쁨은 온전히 나의 것이 될 수 있다.

과정을 무시한 공부, 행복감을 느끼지 못하는 공부가 얼마나 오랫동안 지속될 수 있을까?

창의와
혁신의
시대

　우리는 창의와 혁신의 시대를 살아가고 있다. 어느 시대인들 창의와 혁신이 중요하지 않은 시대는 없었겠지만 21세기는 그 어떤 시대보다도 창의와 혁신이 끊임없이 이뤄지고 있다. 이렇게 시대가 변하면서 선호하는 인재상도 바뀌고 있다. 이름하여 창의적 인재, 영역을 넘나드는 통섭적 인재다. 스티브 잡스나 레오나르도 다빈치, 다산 정약용 같은 이들이다.

　잡스는 애플이 창의적인 제품을 많이 만들어 낸 것은 기술(Technology)과 인문학(Liberal Arts)의 교차점에 서고자 했기 때문이라고 했다.

다빈치 역시 과학과 인문학과 예술의 교차점에서 끊임없이 창의적인 결과물을 만들어 낸 위대한 천재였다. 그가 〈최후의 만찬〉을 그릴 때의 모습을 들여다보면 그 창의력이 어디서 나오는지 알 수 있다. 어렸을 때 다빈치가 〈최후의 만찬〉을 그리는 모습을 지켜봤던 마테오 반델로의 증언을 보자.

"다빈치는 아침 일찍 도착해 비계에 올라가 그림을 그리기 시작했다. 그는 새벽부터 해 질 무렵까지 비계에서 내려오지 않았다. 붓을 내려놓는 법이 없었다. 밥을 먹고 물을 마시는 것조차 잊은 듯 쉬지 않고 그림을 그렸다. 때로는 이틀, 사흘, 나흘까지 붓에는 손도 대지 않고 팔짱을 낀 채 그림 앞에 서서 그림 속의 인물들을 살펴보며 혼자서 비판하곤 했다."

창의적 아이디어는 언제 어디서든 빛을 발한다. 그렇다면 창의적 인재는 어떤 사람들일까? 보통 '좀 새롭고 엉뚱한 사람' 정도로 오해하는 경우가 있다. 하지만 잡스나 다빈치의 예를 보면 알 수 있듯이 창의적인 생각은 그저 남과 다르기만 해서 만들어지는 것이 아니다. 서로 다른 것들을 연결하여 새로운 것을 만들어 낼 수 있는 눈을 가져야 하고, 또 남들보다 더 오랜 시간 생각하고 또 생각해야 한다.

모차르트는 어떻게 천재적인 작곡가가 되었을까? 그의 뛰어난 창의성은 단순히 타고난 재능 때문만이 아니다. 모차르트는 친구에게 보낸 편지에서, 사람들은 자기가 작곡을 쉽게 한다고 생각하지만 자신만큼 작곡에 많은 시간을 바치는 사람은 결코 없을 거라고 단언했다. 그가 만든 곡들은 수십 번에 걸친 수정과 인내의 결과물인 것이다. 창의성도 지식을 기반으로, 해결하기 어려운 과제에 꾸준히 도전하지 않으면 크게 자라나기 어렵다.

우리는 흔히 획기적이고 기발한 생각을 '코페르니쿠스적 발상의 전환'이라고 부른다. 하지만 코페르니쿠스의 지동설도 완전히 새로운 이론이 아니다. 3가지의 서로 다른 아이디어를 조합해 만든 결과물이라고 한다. 고대 그리스 로마 시대부터 내려온 '태양 중심설'과 대항해 시대를 맞아 발달한 '삼각 함수', 그리고 '천문학 데이터'를 조합해 지구가 돌고 있다는 사실을 발견한 것이다. 지식과 지식, 아이디어와 아이디어를 연결하여 새로운 지식과 아이디어를 만들어 낸 것이다. '창의성' 역시 새로운 아이디어가 저절로 떠오르는 게 아니라 다양한 아이디어들을 조합하고 재해석하는 과정에서 발현될 수 있다.

다양한 아이디어를 조합하기 위해서는 무수한 시간을 생각하고 또 생각해야 한다. 창의성을 발휘하기 위해서는 몰입의 세계로 깊이 들어가야 한다. 몰입을 생활화한다면 창의적 인재가 될 수 있다.

의식의 밑바닥에 들어가 먼지에 쌓인 채 빛을 내지 못하고 있는 생각의 보물들을 천천히 캐내야 한다. 물론 그것을 위해 기존 지식을 활용해야 하고, 필요하다면 새로운 지식을 습득하여 적극 사용해야 한다.

성숙과
몰입

　인생은 끊임없는 문제의 연속이다. 나이를 먹을수록 내게 닥치는 문제는 점점 어려워진다. 아무 문제 없이 세상을 살 수 없을까라고 생각하지만 살아가는 동안 문제에서 해방될 수는 없다. 따라서 우리는 문제에서 도망하려고 하지 말고 문제를 어떻게 해결할 것인지에 주목해야 한다.

　그런데 중학생이 되어서 초등학생의 고민을 듣고 있으면 웃음이 나온다. 왜냐하면 자신도 그 나이 때 그런 고민을 했었고, 지나고 보니 별거 아니라는 생각이 들기 때문이다. 대학생이 중학생의 고민을 들을 때도 마찬가지다. 여유롭게 그런 생각을 하는 것은 이미 그 정도의 문제는 해결했기 때문이다. 그만큼 성숙했다고 말할 수 있을 것이다. 그런 것처럼 인생에서 문제는 끊임없이 닥쳐온다. 그런네 부닥치는 문제를 잘 해설해 나가다 보면 다른 문제가 닥쳐도 당황하지 않고 어떻게 해결할 수 있을까 하고 생각하게 된다. 따라서 우리에게 필요한 것은 고민하고 걱정하는 것이 아니라 문제 해결 능력을 기르는 것이다.

우리가 공부를 하는 것도 문제 해결 능력을 기르기 위해서다. 또 문제를 풀고 시험을 보는 것도 생각하는 능력과 문제 해결 능력을 기르기 위함이다. 그래서 공부하는 목적도 창의력과 문제 해결 능력을 기르기 위한 것이라고 생각해야지, 성적을 올리는 것이 목적이 되어서는 안 된다.

최근 학교에서도 평가 방식이 다양해졌다. 예전에는 단답형과 객관식 시험이 주류를 이루고 있었는데, 점차 서술형 시험이나 논술형 평가가 확대되었다. 입사 시험이나 대입에서 면접을 보는 일도 많아졌다. 이러한 변화들은 모두 빠르게 변화하는 세상에서 필요한 문제 해결 능력을 가진 인재를 찾는 데서 기인한다.

세상은 객관식 시험이 아니고 우리 인생에 정해진 매뉴얼은 없다. 많은 선택과 결단이 기다리고 있으며, 사람에 따라 상황별로 다른 결정을 내리고 그 결정이 갖는 파급력은 조직의 운명도 좌우할 수 있다. 우리 인생에는 매일매일 새로운 도전이 찾아오고 우리는 슬기롭게 그것들에 대응해야 한다. 인생이라는 거대한 바다에서 잔잔한 물결과 맑은 날씨만 기대할 수는 없다. 거친 바람과 높은 파도가 우리를 기다리고 있다.

세상은 학교가 아니다. 우리가 학교를 다니는 이유는 세상에 나서기 위해서다. 계속 학생으로 머물기 위해 학교를 다니는 것이 아니다. 따라서 학생들은 학교를 다니면서 문제 해결 능력을 기르는 훈련을 통해 진짜 세상에서 부딪히는 문제들을 창의적으로 해결할 수 있도록 준비해야 한다.

여러 가지 사고력을 적절히 활용하여 당면한 문제에 대한 최선의 해결책을 찾아가는 능력을 '문제 해결 능력'이라고 한다. 문제 해결 능력을 기르기 위해서는 깊은 사고가 동반되어야 하며, 머릿속에서 다양한 시뮬레이션을 통해 끊임없이 정신적 리허설을 계속해야 한다. 결국 깊은 몰입을 통해 문제와 하나가 되었을 때 문제 해결 능력은 극대화된다. 몰입의 깊이와 강도는 문제 해결 능력과 비례하므로 평소 훈련을 통해 문제 해결 능력을 키워 나가야 한다.

예를 들어 수학 문제를 풀 때도 문제에 대한 생각의 시간과 강도를 조금씩 높여 나가는 것이 좋다. 수학 점수라는 것도 사고 급수와 같다. 문제를 놓고 어느 정도 생각을 오랫동안 깊이 할 수 있는가를 놓고 능력을 평가하고 급수를 매긴다면 그것이 곧 점수가 되는 것이다. 그리고 문제 해결 방법은 한 가지만이 아니라 여러 방법이 존재하므로 문제를 풀 때도 풀이와는 다른 방식으로 해결해 보는 습관을 기르는 것도 좋은 방법이다.

몰입은 창의력과 문제 해결 능력을 길러 주어 최고의 능력을
발휘하게 한다.

몰입은 최고의 나를 만든다

❶ 내 안에 잠든 최고의 나를 깨우는 방법은 '몰입'하는 것이다. '최고의 나'는 잠재력이 극대화해 나타난, 나도 잘 모르는 최고 실력을 가진 존재다.

❷ 공부는 모르는 것을 알아가는 과정이며, 내 것이 아닌 것들을 내 것으로 만들어가는 훈련의 연속이다. 그러므로 공부하는 사람은 공부를 계속 지속하는 방법을 알고 실천해야 한다.

❸ 공부의 만족감과 보람은 집중도에 달려 있다. 몰입해서 한 공부라면 당연히 성취감을 느낄 것이다.

❹ 집중력이 강하다는 것은, 주변 상황에 흔들리지 않고 상황을 돌파해 갈 수 있는 능력이 강하다는 것을 의미한다. 집중력은 '상황 돌파력'이라고 할 수 있다.

❺ 혼자서 하는 공부에서는 생각하는 시간을 많이 가져야 한다. 생각하는 시간이 많아야 집중력이 올라가고 공부 방법을 배우게 된다.

❻ 평소에 시험을 앞둔 기분으로 공부에 집중하기 위해서는 목표와 계획을 세워서 공부해야 한다. 스스로 공부 목표를 세우고 능동적으로 몰입해야 한다.

❼ 모든 일은 과정이 중요하다. 과정이 모여 결과를 만들고 그 결과는 다시 또 하나의 과정이 되어 미래를 창조한다. 공부하면서 겪는 여러 과정을 대가로 지불했을 때 깨달음과 앎의 기쁨은 온전히 나의 것이 될 수 있다.

❽ 창의성을 발휘하기 위해서는 몰입의 세계로 깊이 들어가야 한다. 의식의 밑바닥에 들어가 먼지에 쌓인 채 빛을 내지 못하고 있는 생각의 보물들을 천천히 캐내야 한다.

❾ 문제 해결 능력을 기르기 위해서는 깊은 사고가 동반되어야 하며, 머릿속에서 다양한 시뮬레이션을 통해 끊임없는 정신적 리허설을 계속해야 한다. 깊은 몰입을 통해 문제와 하나가 되었을 때 문제 해결 능력은 극대화된다.

PART 02

몰입의
사람들

10대를 위한 몰입 공부법 ● ● ●

캔버스 위에
무슨 그림을
그릴까?

　나에게 수업을 받던 초등학교 5학년 학생은 주식 투자를 하고 있었다. 만날 때마다 자신의 주식 가격이 어떻게 되었는지 얘기하고, 떨어졌을 때는 아쉬워했다. 물론 엄마가 주식을 사고파는 일을 하고 자신은 가격의 변화 정도만 알아보는 수준이었다.

　요즘에는 이 학생처럼 어려서부터 주식을 가진 친구들을 종종 볼 수 있다. 또 투자가를 꿈꾸는 청소년들도 만날 수 있다. 부자가 되기 위해서 기업가가 되는 것도 좋지만 투자가가 되어 사업에 참여하는 것도 좋은 방법이다. 투자가는 실제 기업의 일을 하진 않지만, 해당 기업의 주주로서 사업에 참여한다.

세계 최고의 부자로 손꼽히며 투자의 귀재라고 불리는 워런 버핏. 그는 어떻게 주식 투자법을 배워 세계적인 부자가 되었을까? 다른 사람들의 투자 방법과는 무엇이 다를까?

그는 비정상적인 방법을 쓰거나 돈만 보고 열심히 쫓아다녀서 부자가 된 것이 아니다. 그가 어렸을 때를 살펴보면 얼마나 많이 생각하고 고민해서 일을 해 나갔는지 눈여겨볼 만한 일들이 많다.

그는 대공황기에 직장을 잃은 은행원의 아들로 태어나, 여섯 살 때부터 부자가 되고 싶다는 열망을 지니게 됐다. 어릴 적 할아버지 식료품 가게를 오가면서 그는 신기한 것을 발견했다. 물건을 가져다가 팔면 이윤이 생기는 것이었다. '돈'의 원리에 대한 버핏의 호기심은 점점 더 커져 갔다. 돈은 제자리에 있지 않고 여기저기 돌아다니며, 눈덩이를 굴리듯 점점 커져 간다는 것을 그는 깨달았다.

한번은 이런 일이 있었다. 버핏 가족이 버지니아에서 워싱턴으로 이사하고 나서, 버핏은 처음에 구한 골프장의 캐디 일자리가 적성에 맞지 않자 며칠을 궁리한 끝에 신문 배달을 하기로 했다. 신문 배달은 어른들과 세상 돌아가는 얘기를 나누는 데 도움이 되고 다른 사람보다 빨리 배달해서 구독 숫자를 늘리면 돈도 많이 벌기 때문이었다.

버핏은 처음에 〈워싱턴 포스트〉를 배달했는데, 같은 회사의 다른 신문인 〈워싱턴 포스트-헤럴드〉를 원하는 독자들도 많다는 사실을 안 다음에는 그 신문도 배달했다. 그러면서 다른 석간신문도 돌리고, 배달 구역을 점점 확대해 나갔다. 여기에 멈추지 않고 고객에게 신문 구독을 직접 권유하는 일에도 뛰어들었다.

다른 아이들이 정해진 지역에 정해진 신문을 배달하는 정도라면 버핏은 이에 만족하지 않고 스스로 할 일을 찾아서 일을 만들어 나갔다. 또한 자신의 배달 구역에 대해서도 꼼꼼히 기록해 두었다.

그런데 신문 구독자 중에서 배달료를 주지 않고 그냥 이사 가버리는 경우가 있어서, 버핏은 이를 어떻게 대비할지 궁리했다. 그는 아파트 관리인에게 신문 구독을 무료로 해주는 대신 이사 가는 사람들을 미리 알려 달라고 했다. 덕분에 버핏이 배달료를 못 받는 경우는 없었다. 어른들도 생각하기 힘든 일을 버핏은 깊이 생각하고 고민해서 좋은 방법을 찾아낸 것이다. 이렇게 고민하고 연구하고 집중해서 생각하는 습관은 어른이 돼서 더욱 빛을 발했다.

워런 버핏이 아직 초등학교도 입학하기 전 그의 집 거실에는 주식 관련 책들이 여기저기 널려 있었다. 버핏의 아버지가 주식 중개인이었기 때문이다. 꼬마 버핏은 그 책들을 집어 들고 읽기 시작했다. 아버지는 그런 버핏을 말리지 않았다. 숫자, 통계, 확률이 세상에서 가장 재미있었던 버핏에게 주식은 신기한 마법 세상이었다. 버핏은 책에 나온 것처럼 주가의 오르고 내림을 차트로 만들어 보기도 했다.

어느 날 버핏은 벤슨 도서관에서 마음에 쏙 드는 책을 발견했다. 《1,000달러를 버는 1,000가지 방법》이라는 책 제목부터 버핏의 시선을 끌어당겼다. 그는 망설임 없이 그 책을 집어 읽기 시작했다. 버핏은 그 책에서 '복리'라는 개념을 새로 알았다. 비록 처음에는 적은 돈이지만 일정 비율로 이자가 붙어 오랜 시간 동안 계속 늘어나면 아주 큰돈이 될 수 있다는 것이다. 이는 버핏의 투자 인생에 큰 영향을 끼쳤다.

버핏의 보물이 된 그 책에서 눈에 띄는 구절이 있었다.

'일단 시작하지 않으면 절대 성공할 수 없다. 시작하지 않으면 결과는 없다. 스스로 시작하지 않고 부자가 되기를 기다려서는 안 된다.'

이 구절을 보면서 버핏은 정식으로 주식을 하겠다고 결정하고 실제로 투자를 시작한다. 버핏은 그때부터 책을 읽고 생각하거나 분석하는 습관이 생기기 시작했다. 더불어 신문 읽는 습관도 자리 잡게 됐다. 덕분에 버핏은 열여섯 살이 되었을 때 이미 경제와 주식 관련 책을 수백 권 독파했다.

이후에도 이 습관은 지속되었는데 스스로 보통 사람의 5배 정도 더 읽는다고 할 정도로 독서 능력을 키웠다. 버핏의 관심은 사업이기 때문에 주로 읽는 분야는 사업 관련 책들이었다. 버핏에게 축적된 사업 지식 또한 투자를 하는 데 밑받침이 된 것은 분명하다.

'시간을 투자하지 않고 좋은 결과물을 이룰 수 없다. 균형감각을 갖고 언제나 큰 그림을 봐야 한다. 단기간의 성과에 집착하는 사람은 언젠가 그 짧은 칼날에 쓰러진다.'라며 버핏은 언제나 가치 투자를 중시한다. 위대한 기업은 단지 돈 버는 데만 집중하는 것이 아니라 자신의 일에 열정과 철학을 지닌 경영자가 있기에 가능하다고 믿는다. 때문에 그 회사의 경영자와 철학과 미래의 가능성을 보고 투자를 한다는 것이다.

버핏은 말했다.

"출근하면 나는 책상에 앉아 먼저 천장을 바라본다. 그러면서 미켈란젤로가 시스틴 성당에 그림을 그리듯 투자의 캔버스 위에 무슨 그림을 그릴까 생각한다. 그렇게 나는 1년에 50주는 생각하는 데 쓰고, 남은 2주만 일한다."

1년 52주 중에서 50주를 생각하는 데 쓴다는 것은 그만큼 깊게 생각하는 몰입의 중요성을 강조한 말이다. 이는 아마도 버핏이 평생 동안 실천하여 몸에 밴 습관인 듯하다.

공부에서 중요한 것은 생각하는 시간이다. 생각하지 않는 공부는 모래성 위에 집을 짓는 것과 같다.

우리는 우주에
흔적을 남기기 위해
존재한다

그가 걸어가니까 길이 되었다는 말이 있다. 어떤 길을 먼저 걸어가, 사람들로 하여금 그 길을 걸어가게 하는 사람을 선구자라 부른다.

창의와 혁신의 아이콘으로 불린 스티브 잡스.

아이팟, 아이튠즈, 아이폰…….

그는 새로운 길을 만들어 우리를 그 길로 안내했다. 세상이 그를 따라가고, 많은 기업들이 애플을 쫓아가느라 열심히 노력했다. 그의 힘은 어디서 나왔던 것일까?

다들 그의 창의력을 말한다. 그의 창의력도 다름 아닌 몰입의 결과다. 몰입이 고도로 집중된 생각의 산물이라면, 잡스는 어떻게 그 같은 창조적 사고를 샘물이 솟듯 해낼 수 있었던 것일까?

잡스가 가정 형편 때문에 리드 칼리지를 그만두고 애플을 세웠을 때, 직원들에게 이렇게 말하며 용기를 주었다고 한다.

"우리는 우주에 흔적을 남기기 위해 존재한다. 그렇지 않다면 왜 여기에 있겠는가?"

잡스는 보통 사람들이 상상하지 못하는 대담한 목표를 가지고 있었다. 바로 우주에 영향을 끼치는 사람이 되고 싶다는 것이다. 많은 돈을 벌어 큰 부자가 되는 것이 아니라 훗날 지구를 떠나 우주로 되돌아갔을 때 지구를 바라보며, "거봐, 우리가 지구에 가서 놀라운 일을 해냈잖아!"라고 말하는 것이다.

사람이 무기력하고 힘들어질 때, 그것은 언제일까? 바로 꿈과 목표가 존재하지 않을 때다. 목표가 없다는 것은 사는 이유가 분명하지 않다는 얘기도 된다. 살아갈 이유를 모르면서 최선을 다해 살아갈 수 있을까. 잡스는 우주에 흔적을 남겨야겠다는 분명한 목표를 가지고, 원대한 이상을 향해 자신을 온전하게 바쳤다. 성공하는 사람들이 통과 의례처럼 겪어야 하는 시련과 실패를 여러 번 맞이했지만 꿈을 향한 그의 도전은 멈출 수 없었다.

그의 마음속에는 우주에 영향을 끼치는 빛나는 상상력으로 가득했다. 시대의 흐름을 먼저 읽고, 사람들의 움직이는 마음을 간파해내는 예리한 통찰력을 지닌 잡스는 신제품을 출시할 때마다 세상을 깜짝 놀라게 했다. 'Think different'라는 애플의 슬로건은 그가 떠난 지금도 여전히 우리에게 영감을 준다.

잡스는 항상 최고의 제품을 만드는 데 최선을 다했다. 거기에는 어떤 타협도 있을 수 없었다. 그의 철저함은 보통 사람으로서는 따라 하기 힘든 것이었다. 그가 그렇게 할 수 있던 것은 세상을 더 나은 곳으로 바꾸고 싶다는 단 하나의 열망 때문이었다.

잡스가 10대 후반 시절, 《더 홀 어스 카탈로그》 초판이 출간됐다. 이 간행물의 표지에 우주에서 바라본 지구의 사진이 실렸는데 부제는 '도구들에 연결되는 통로'였다. 이 책자에 담긴 철학은 기술이 인간의 친구가 될 수 있다는 신념이었다. 그는 이 카탈로그의 열렬한 팬이었는데, 고등학교 다닐 때 나온 1971년 최종판에 크게 매료되었다. 잡스는 나중에 대학을 가고 나서도 이 카탈로그를 항상 곁에 두었는데, 최종판의 뒤표지에는 이른 아침의 시골길 사진이 실려 있었고, 그 길 위에 이렇게 쓰여 있었다.

"늘 갈망하고 우직하게 나아가라(Stay hungry, stay foolish)."

잡스는 늘 이 구절을 가슴에 품고 살았다.

매킨토시의 초기 모델을 개발할 때였다. 잡스는 개발 중이던 매킨토시의 회로기판을 보기 위해 작업실을 찾았다. 그는 수많은 배선이 교차하는 기판을 보며 이렇게 말했다.

"이쪽 부분은 깔끔한데 이 메모리칩은 좀 흉한 걸. 배선이 너무 근접해."

그러자 담당 직원은 말했다.

"아니, 컴퓨터 기판은 밖에서 보이지도 않는데 작동만 잘되면 되지 누가 그런 데 신경 쓴다고 그러세요?"

그러자 잡스는 강한 어조로 반박했다.

"내가 보잖아. 보이지 않는 곳이라도 가능한 아름답게 보이고 싶다고. 위대한 목수는 아무도 보지 않는다고 해서 장롱 뒤에 질이 나쁜 목재를 사용하지 않는 법이지."

그가 픽사(Pixar)에서 애니메이션 영화를 만들 때도 마찬가지였다. 열대어가 주인공인 〈니모를 찾아서〉 점검 회의에 참석한 잡스는 스크린에 비친 해조의 움직임이 부자연스럽다며 더 자연스럽게 고칠 것을 요구했다. 그러자 담당 엔지니어가 지금 기술로 해조의 움직임을 자연스럽게 표현하면 비용이 크게 늘어난다고 대답했다. 그러자 잡스는 해조의 부자연스런 작은 움직임 하나에 관객은 몰입이 금방 흐트러지고 영화에 대한 감흥이 떨어진다고 했다. 설령 비용과 시간이 많이 든다고 할지라도 진정으로 만족스러운 작품을 만들 때까지 절대로 타협해서는 안 된다고 강조했다. 잡스는 늘 이런 태도를 견지했다. 최고의 제품을 만들어 세상에 기여하는 것, 이것이 잡스에게는 최고의 동기 부여이자 몰입을 유지할 수 있는 비결이었다.

우리는 4차 산업 혁명 시대에 살고 있다. 이 시대의 키워드는 고도의 연결성인 '초연결'이다. 초연결 시대에 창의성이란 이 세상에 존재하지 않았던 새로운 것을 만들어 내기보다 '다른 영역에 속하는 기존 아이디어들을 통합하는 능력'이다. 스티브 잡스는 "창의력은 여러 가지를 연결하는 능력"이라고 했고, 피카소는 "나는 찾지 않았다. 있는 것 중에서 발견할 뿐이다."라고 했다. 그렇듯 창의적 혁신가는 세상에 존재하지 않는 완전히 새로운 것을 만드는 사람이 아니라, 오래전의 것들을 되살려 새롭게 만들고 이미 있던 것들을 연결시켜 더 새로운 것을 만드는 사람이다.

세상 사람들이 생각지 못한 것을 생각해 내는 것은 어려운 일이다. 열심히 일을 한다고 해서 새로운 아이디어가 나오는 것은 아니다. 아이디어는 고민과 생각의 집중을 통해 피어난다. 잡스처럼 창의적 사고를 하기 위해서는 좀 더 깊은 몰입 사고가 요구된다. 젊은 날 동양 철학과 명상에 심취했던 잡스는 마치 불교의 선승(禪僧)들이 화두(話頭, 깨달음을 위한 커다란 질문)를 들고 참선 수행을 하듯 세상을 바라보고 깊은 생각에 잠긴다. 수행자가 문득 깨달음을 얻고 자리를 일어서듯, 흡족한 미소를 지으며 몰입의 결과물을 세상에 공개해 우리를 깜짝 놀라게 했던 잡스.

잡스가 애플의 새로운 성장기에 경영자로 스컬리를 영입했다. 어느 날 잡스는 스컬리와 아침 식사를 하다가 이렇게 말했다.

"우리가 이 지구에 머무는 시간은 아주 잠깐입니다. 정말로 위대한 일을 해낼 수 있는 기회는 많지 않습니다. 자신의 삶이 언제 끝날지 아무도 모릅니다. 저도 물론 마찬가지죠. 하지만 한 가지 분명한 것은 젊음이 다하지 않았을 때 많은 걸 이뤄 내야 한다는 것입니다."

이 지구에 머무는 동안 우리는 무슨 일을 할 수 있을까? 내가 하는 공부는 세상에 어떤 기여를 할 수 있을까?

오직 승리만을
단 하나의
목적으로

1592년 임진년.

왜군이 조선을 침공하여 시작된 7년간의 임진왜란.

조선군은 전쟁 초반부터 내내 수세에 몰렸다. 관군은 계속 패배했으며, 임금은 한양을 버리고 의주로 피란을 가야 했다. 전국토가 왜군에게 유린되었을 때 오직 남쪽 바다를 지키며 왜군의 진격을 저지하여 나라와 백성을 구한 사람은 이순신 장군이다. 전쟁이 시작되고 여러 바다에서 싸움이 벌어졌지만 장군은 단 한 번도 패배하지 않았다.

그러나 1597년 정유년.

이순신 장군은 일본의 간계와 조정의 모함으로 서울로 압송되어 모진 고문을 당하고 겨우 목숨을 건졌다. 그리고 백의종군하라는 명을 받아 다시 남쪽 바다로 내려오게 되었다. 내려오던 중 칠천량 전투에서 원균이 이끄는 조선 수군이 대패했다는 소식을 들었다. 나라의 운명이 바람 앞의 등불처럼 위태로운 지경이었다. 그동안에 공들여 쌓아 놓았던 노력의 결과물들이 한순간에 사라지는 절망의 순간에 수군통제사 재임명을 받는 장군의 심정이 어떠했을까?

통제사로 복귀하여 점검한 수군의 현실은 참혹했다. 지난 여러 해 동안 만들고 키워 냈던 강한 수군의 모습은 찾을 수가 없었다. 남은 배라곤 겨우 12척, 병사도 군량미도 무기도 없었다. 그러나 12척의 전선(戰船)을 이끌고 이제 장군은 또 한 번의 승리를 위해 진을 옮긴다.

그즈음 조정에서는 수군의 전력이 너무 열세임을 인정하고 장군에게 수군을 버리고 육군으로 합류하여 적과 싸우라고 명했다.

그러자 장군은 다음과 같이 답을 올리고 싸움을 준비한다.

"신에게는 아직도 12척의 배가 있습니다. 죽을 힘을 다해 막아 싸운다면 아직도 할 수 있습니다. 신이 아직 죽지 않았으니 감히 적이 우리를 업신여기지는 못할 것입니다."

장군은 명량 바다를 적을 맞이할 곳으로 정했다. 이 바다는 장군이나 적에게나 죽을힘을 다해야 하는 격전의 바다였다. 명량 바다는 조수 흐름이 매우 빠르고 폭포와 같아 그 우는 소리가 천지를 흔들 기세였다. 또한 바다의 목이 좁고 물살이 세고 빨라 울돌목이라 부른다. 장군은 군사력에서 절대 열세인 상황에서 정면으로 싸우기보다는 지형을 활용하여 적과 싸우기로 마음먹었다.

장군은 매일 바다로 나가 적을 이길 궁리를 했다. 하늘이 감동했는지 명량 해전 전날 꿈에 한 신선이 나타나 '이렇게 하면 이기고, 이렇게 하면 진다.'고 가르쳐 주기까지 했다.

다음날 아침 적선 133척이 조선 수군의 배 13척(후에 1척을 더 찾음)을 에워싸며 물밀듯 들어왔다. 처음 해류는 일본군에게 유리한 상황이었다. 그러나 시간이 흐르면서 순류가 역류로 바뀌고 조선 수군에 유리한 상황이 전개되었다. 수군은 물살의 변화를 놓치지 않고 일제히 공격했다.

멀리서 싸움을 지켜보던 백성들은 13척으로 대군에 대항하는 수군을 보면서 통곡했다. 그러나 화염이 걷히고 싸움이 끝났을 때 무너지고 불타는 적의 함대와 오롯이 서 있는 13척의 전선을 보고 환호하고 감탄했다. 장군은 이 전투의 승리를 '실로 하늘의 도움이었다.'라고 적었지만, 하늘의 도움 이전에 장군 스스로의 노력과 몰입사고의 결과였다.

똑같은 상황에서 어떤 사람은 승리할 방법을 구하고 다른 어떤 사람은 도망할 방법을 찾는다. 선조는 이길 궁리를 하기보다 도망하고 포기할 생각부터 먼저 했다. 그러나 이순신은 모두들 패배할 거라고 만류하는 싸움에서도 승리할 방법을 찾았고 결국 해결책을 찾았다. 같은 상황에서도 사람들은 다르게 본다. 관점의 차이가 있는 것이다. 똑같이 하루를 맞이하더라도 그 하루를 맞이하는 입장은 다르다. 자기가 바라보는 방식대로 그 결과를 얻으며 그것이 진리라 믿는 것이다. 마음속에서 이미 패배를 받아들이는 사람에게 지혜로운 생각이 함께할 수 없다. 이순신 장군은 불패의 신념으로 무장하고 승리할 방법을 간절하게 찾았다. 그리고 몰입 결과 미래에서 정보를 얻었고, 두려움 없이 실천한 결과 나라와 백성을 지켜낼 수 있었다.

이순신 장군이 꿈속에서 승리의 방법을 얻은 것도 몰입적 사고를 많이 하는 사람들에게서 흔히 볼 수 있는 사례다. 그만큼 반드시 이기기 위해, 나라와 백성을 건지기 위해 간절히 구하고 또 연구했음을 알 수 있다.

누구든 절망의 순간을 만나거든 '아직도 12척의 배가 있다.'며 희망의 끈을 놓치지 않고 오직 승리만을 단 하나의 목적으로 삼아 명량 바다에서 대군 앞에 홀로 섰던 장군의 마음을 생각해 보자. 또한 아무리 위기의 순간이라도 반드시 해결책은 있으며, 집중하여 사고하는 몰입 속에서 그 답을 찾을 수 있음도 기억하자.

책임자,
해봤어?

　직원이 어떤 일을 대할 때 잘 못하겠다고, 잘 안될 것 같다고 부정적인 의견을 내세웠을 때 "책임자, 해봤어?"라며 다그치던 현대그룹 정주영 회장. 현대사를 통해 그만큼 창의적인 몰입 사고를 했던 사람도 드물 것이다.

　그는 소학교를 졸업한 것이 학력 전부였지만 현장에서 배운 실용적인 자세와 예리한 관찰력, 끊임없는 몰입적 사고를 통해 전문가를 뛰어넘는 비범한 지혜를 보여 주었다.

　모든 문제에는 반드시 해결책이 있다고 한다. 그렇게 믿는 사람은 해결책을 찾아 나서겠지만, 부정적인 사람은 해결책을 찾으려 하지 않고 쉽게 포기할 것이다.

　서산 간척지에는 방조제가 길게 누워 있다. 이곳을 지나다 보면 문명 속에 뿌리내리는 인간의 힘과 의지, 가능성 같은 걸 보게 된다. 1980년대 처음 바닷물을 막아 방조제 공사를 할 때 어려움에 부닥친 적이 있다. 당시 마지막 물막이 공사를 할 때 서해안의 조수 간만 차가 커서 아무리 많은 돌을 가져다 부어도 날이 새면 모두 파도에 휩쓸려가고 말아 공사가 난관에 봉착한 것이다. 빠른 물살을 막기 위해 20만 톤의 큰 바위를 집어넣어야 물막이 공사가 가능하다는 연구 결과가 나왔다. 참으로 큰일이었다. 그렇게 큰 돌을 어디서 구하며 또 어떻게 옮긴단 말인가?

　여기서 정주영 회장의 창의력과 몰입 사고는 다시 빛을 발하게 된다. 정 회장은 20만 톤의 큰 바위 대신 폐유조선으로 마지막 공사 구간을 막고, 흙과 모래를 쏟아붓고, 최종적으로 폐유

조선을 바다 속으로 가라앉혀서 바닷물의 속도를 늦추고, 일시에 많은 양의 흙과 돌을 쏟아부어 마지막 공사를 매듭지을 것을 제안했다.

연구진의 검토 결과 충분히 가능성이 있다고 판단되어 계획은 실행에 옮겨졌고, 결과는 대성공이었다. 정주영 회장의 '유조선 공법'으로 공사 기간은 9개월 정도 단축되었고 공사 비용은 280억 원 정도를 절약했다니 창조적인 몰입 사고의 힘을 다시금 느끼게 된다.

생각하는 힘은 근육을 단련하는 것처럼, 반복해서 경험이 축적되면 가속도가 붙어 몰입의 강도와 집중도를 더하게 한다.

정주영 회장이 대북 사업을 성공적으로 마치고 금강산 앞에 호텔을 건설할 때의 일이다. 김정일 위원장이 호텔 앞에 서커스 극장을 지어 달라는 제안을 해왔다. 이왕에 하는 공사니 덤으로 극장을 지어 달라는 것이다. 흔쾌히 승낙을 했지만 문제가 발생했다. 극장을 짓기 시작한 것이 11월이었는데, 1월이 되면서 너무 추운 날씨 때문에 레미콘의 물이 얼어붙어 공사를 진행할 수 없는 지경에 이르렀다. 영하 40도까지 내려가는 혹한의 추위 때문에 공사를 중단하고 봄까지 기다려야 하는 상황에 직면했다.

직원들이 추운 지역의 사례를 연구하고 알아보았지만 가장 추운 러시아에서도 겨울에는 공사를 진행하지 않는다는 정보를 접했다. 결국 공사 진행이 불가함을 최종적으로 정 회장에게 보고했다.

그러나 정주영 회장은 간단한 답을 내놓았다.

"그렇게 추우면 비닐하우스를 설치하면 되지 않는가? 두 겹으로 해서 튼튼하고 따뜻하게, 안에 난로를 피우고 공사를 하라."

그 결과 한겨울에 인부들이 웃옷을 벗고 공사를 진행하는 진풍경이 벌어졌다. 한겨울에 서커스 극장은 그렇게 완공이 되었다.

정주영 회장은 문제를 만나면 해결책을 찾기 위해 생각하고 또 생각한다. 생각하다 보면 반드시 해결책을 찾게 된다는 믿음을 가졌기에, 그는 생각을 멈추지 않는다. 그렇게 깊은 몰입 상태에서 마치 잊혀진 귀중한 물건을 발견하듯 해답을 찾는 것이다.

그런데 그가 생각을 깊게 하는 몰입 사고를 하게 된 데는 특별한 계기가 있었다. 그는 19살 때 가난에서 벗어나고자 고향인 통천에서 가출을 했다. 그때 정주영은 교과서에 나오는 '청개구리의 교훈'을 되새겼다. 청개구리가 버드나무에 올라가려고 몸을 날려 뛰었다가 가지가 너무 높아 실패했지만 낙심하지 않고 열 번, 스무 번, 서른 번 뛰어오르기를 거듭한 끝에 결국 성공했다는 이야기다. 그는 '개구리도 성공하는데 하물며 사람의 자식인 내가 이대로 주저앉을 수는 없다.'라며 의지를 불태웠다.

집을 나와 인천 부두 막노동판에 뛰어들었을 때의 일이다. 노동자 합숙소에는 빈대가 우글거렸다. 낮에 힘들게 일하고 와서 고단한 몸을 누이면 빈대가 극성을 부려 잠을 잘 수 없었다. 합숙소에는 여러 명이 한꺼번에 식사를 할 수 있는 커다란 탁자가 놓여 있었다. 정주영과 몇몇 노동자는 빈대에게 물리지 않으려고 탁자 위에 올라가 잠을 청했다. 그러나 빈대들은 탁자 다리를 타고 올라와 악착같이 피를 빨아먹었다. 그래서 빈대가 올라오지 못하게 할 방법을 생각해 보니 탁자의 다리로 올라오는 길목만 차단하면 더 이상 빈대가 올라오지는 못할 것 같았다. 그래서 그는 탁자 다리마다 큰 그릇을 놓고 거기에 물을 부어 놓았다. 그러자 빈대들이 사람 냄새를 맡고 탁자 다리를 타고 올라왔지만 물그릇에 빠져 죽으니, 며칠간은 잠을 편히 잘 수 있었다. 그런데 얼마 지나지 않아 또다시 빈대들이 달려드는 게 아닌가.

'여기까지 올라오려면 물그릇을 지나야 하는데, 헤엄도 못 치는 빈대들이 어떻게 올라왔을까?'

궁금해하던 정주영은 이유를 알고 소스라치게 놀라고 말았다. 물그릇 때문에 탁자에 오르는 것이 불가능해지자 빈대들은 벽을 타고 천정까지 올라가 정주영이 있는 곳으로 뛰어내렸던 것이다. 빈대는 4~5mm의 야행성 곤충으로 낮에는 숨고 밤에는 먹이를 찾아다니는데, 지능이 거의 없는 미물에 속한다. 그때 정주영은 무릎을 탁 쳤다.

'그렇다. 빈대도 저렇게 온 힘을 다해 연구하고 노력해 제 뜻

을 이루는데, 나는 지금 무엇을 하고 있는가? 빈대만도 못한 인간이 될 수는 없지 않은가?'

정주영은 빈대에게서 귀한 깨달음을 얻었다. 그 후 정주영은 어려울 때마다 '빈대'의 일화를 되새기며 '빈대만도 못한 인간이 될 수는 없다.'는 생각으로 연구하고 몰입했다. 그리고 직원들이 생각 없이 일할 때마다 '빈대'보다 못하다며 야단치곤 했다.

따라서 공부하거나 어떤 일을 할 때, 문제가 잘 해결이 되지 않는다면 시간을 들여서 계속 생각해 보는 것이 좋다. 생각하고 또 생각하면 해답을 얻을 수 있다는 사실을 반드시 발견하게 될 것이다. 만약 아직 경험을 못한 학생들은 시계를 이용해서 일정 시간 동안 생각하는 집중 훈련을 통해 몰입도를 조금씩 높여가는 것도 좋은 방법이 될 것이다.

인간의
그늘
아래서

 1971년에 아프리카 정글 속에서 침팬지와 생활했던 기록이
책으로 출간되었다. 고등학교 학력이 전부인 제인 구달이라는
여성이 쓴 이 책은 출간 이래 경이적인 기록으로 절찬을 받았
고, 미국, 유럽 등지에서 꾸준히 읽히며 많은 대학의 교재로도
채택되었다. 구달은 어떻게 이런 훌륭한 업적을 남길 수 있었
을까?

 흔히 생각하기를, 학문적 업적이란 대학과 대학원을 거쳐 수
년간 연구실에 틀어박혀 연구한 결과물이라고 알고 있다. 그러
나 구달은 이런 상식을 뒤집고 체계적인 교육 없이 거의 독학으

로 다른 사람이 이루지 못한 업적을 남겼다.

그녀는 영국 잉글랜드 남부의 작은 마을에서 평범한 어린 시절을 보냈다. 제2차 세계 대전 발발 당시 아버지가 군대에 입대하여, 남은 세 식구는 영국의 번머스에 있는 외할머니 집에서 살게 되었다.

외할머니는 집에서 닭과 거위를 키웠다. 구달은 닭이 어떻게 알을 낳는지 궁금했다. 그래서 닭이 알을 낳는 걸 보려고 했지만 번번이 닭이 놀라 도망갔기 때문에, 구달은 닭보다 먼저 닭장에 들어가 기다리는 방법을 선택했다. 몇 시간이나 기다린 끝에 구달은 닭이 알을 낳는 장면을 볼 수 있었다. 그때 어머니는 딸이 없어진 줄 알고 경찰에 신고까지 한 상태였다.

1942년 크리스마스 때 외할머니는 구달에게 《돌리틀 박사 이야기》를 선물로 사 주었다. 구달에게는 동물을 사랑하는 주인공의 삶이 마치 자신의 미래처럼 보였다. 그 후 구달은 동물들에 대한 이야기를 닥치는 대로 읽기 시작했다. 열 살 무렵 그녀가 가장 좋아했던 책은 《타잔》이었다. 이것이 계기가 되어 자신도 어른이 되면 동물들이 사는 아프리카로 가겠다는 꿈을 가졌다고 한다.

구달은 14살이던 1946년에 동생 주디, 이웃집의 샐리, 샐리의 여동생 수우와 함께 동물을 관찰하는 클럽을 만들었다. 이름은 '악어 클럽'이었다. 악어 클럽 회원들은 들과 바다에서 자연을 관찰한 후 그 결과를 공책에 적었다. 이를 바탕으로 그들은

〈악어 클럽 소식지〉를 만들었는데, 대부분은 구달의 작품이었다.

　조금 더 나이가 들면서 구달은 러스티(Rusty)라는 이름의 개를 길들이는 데 몰두했다. 러스티는 무엇이든 금방 배웠다. "누워." 하면 누워서 죽은 시늉을 하고, "일어나." 하기 전에는 10분이고 계속 누워 있었다. 사다리를 올라가거나 둥근 테를 통과할 줄도 알았다. 러스티는 생각하는 능력도 가진 것 같았다. 나쁘다고 배운 행동을 하면 미안한 시늉을 했고, 좋다고 배운 행동을 했는데 야단을 맞으면 구달이 사과할 때까지 화를 풀지 않았다. 구달은 이를 통해 동물도 학습하고 판단할 수 있다고 생각했다.

　구달은 18살에 고등학교를 졸업하고 런던으로 상경하여, 비서로 취직하여 평범한 회사 생활을 하던 중 한 장의 편지를 받는다. 친구가 자신의 가족이 아프리카 케냐에 농장을 샀으니 한 번 놀러 오라는 초대 메시지였다. 편지를 받은 구달은 아프리카에 가기 위해 돈을 모으기 시작했다. 그리고 조금도 주저하지 않고 아프리카로 향했다.

　1957년 4월 구달은 케냐에 도착했다. 그녀는 친구 클로의 집에서 3주 동안 즐겁게 지낸 뒤 아르바이트를 하면서 동물을 연구할 수 있는 방법을 모색하기 시작했다. 그때 클로는 동물을 제대로 연구하려면 루이스 리키 박사를 찾아가라고 귀띔해 주었다. 그래서 그녀는 아프리카 영장류 연구 분야의 최고 권위자인 루이스 리키 박사를 만난다. 이 인연으로 동물학과 고고학을 열심히 공부하기 시작했다. 그리고 본격적으로 침팬지에 대해 연구하기로 마음먹었다.

그 후 구달은 매일같이 혼자서 탄자니아 곰베에서 밀림의 산을 오르며 침팬지들을 찾아다녔다. 처음 얼마 동안은 침팬지를 구경조차 할 수 없었다. 구달은 일부러 언덕 위에 앉아서 침팬지들이 자기 모습에 익숙해지게 했고, 점차 시간이 지나면서 침팬지에게 가까이 접근하는 것은 물론, 심지어 털을 골라 주는 등 신체 접촉까지도 성공했다.

구달은 침팬지에게 데이비드, 골리앗, 맥그리거, 플로 등의 이름을 지어 주었는데, 이는 당시 학계에서 금기로 여겨지던 행위여서 거센 비판을 불러일으켰다. 하지만 동물에 대한 관찰 연구에 약간의 감정 이입이 불가피함을 인정한 이런 조치는 동물 행동학의 원조 격인 콘라트 로렌츠(1903~1989)의 방법과도 일맥상통하는 것이었다. 구달의 연구는 실험실에만 갇혀 있던 그 분야의 연구를 다시 자연으로 불러냈다. 하지만 주위의 평가는 냉담하기 이를 데 없었다. 금발의 백인인 그녀의 외모, 다리가 훤히 드러난 반바지 차림, 더구나 '타잔'과 '치타'를 연상시키는 '제인'이란 이름까지도 종종 험담의 대상이 됐다. 하지만 그런 것들이 구달의 연구에 걸림돌이 되지는 않았다.

제인 구달은 초기 연구에서 두 가지 새로운 사실을 발견했다. 당시 사람들은 침팬지를 채식 동물로 알고 있었지만, 구달은 침팬지가 육식을 즐긴다는 점을 알아냈다. 침팬지는 고기를 아주 좋아하며 고기를 먹을 기회가 생기면 치열한 경쟁을 벌였다. 침팬지 수컷은 암컷을 유혹할 때 고기를 선물로 주기도 했다.

그보다 더 중요한 것은 침팬지가 연한 나뭇가지를 구멍에 쑤셔 넣는 방법으로 흰개미를 잡아먹는다는 사실이었다. 즉, 침팬지가 도구를 사용한다는 점이었다. 그것은 구달이 침팬지 데이비드를 세밀히 관찰해 발견한 사실이었다. 이러한 발견은 오직 인간만이 도구를 만들고 사용한다는 당시 통념을 뒤집고 큰 충격으로 다가왔다. 이에 대해 루이스 리키 박사는 "그렇다면 우리는 인간을 다시 정의하던가, 도구를 다시 정의하던가, 아니면 침팬지를 인간으로 받아들여야 할 것"이라는 명언을 남겼다.

1965년에는 침팬지가 가족 간의 유대감이 깊고 사회생활을 한다는 사실을 발견했다. 구달은 이 업적으로 1966년 2월 9일 케임브리지 대학교 대학원에서 동물행동학 박사 학위를 받았다. 이전까지는 그녀에게 동물학에 관련된 학위가 없었다. 이 학위는 그녀가 아프리카에서 어려움을 극복하고 침팬지를 연구한 결과였다.

그녀는 이후에도 야생 동물을 위한 구달 연구소를 만들어 연구 활동을 계속했으며, 탄자니아에서 야생 침팬지와 함께 생활한 이래 40년이 넘는 기간을 침팬지와 함께한 세계적인 침팬지 연구 권위자가 되었다.

첫 저서는 1967년에 출간한 《내 친구 야생 침팬지》였고, 1971년 출간한 《인간의 그늘 아래서(In the Shadow of Man)—제인 구달의 침팬지 이야기》는 세계적인 베스트셀러가 되었다.

그녀가 책을 쓰기 위해 감내해야 한 고통은 말로 이루 다 표현할 수 없었을 것이다. 위험하기 그지없는 정글 속에서 생활하면서 수많은 책과 논문을 동시에 읽어 내야 했는데, 그녀는 이를 독학으로 해낸 것이다. 침팬지 연구에 완전히 몰입되어 다른 것들은 전혀 신경 쓰지 않는 경지에 다다른 그녀이기에 가능했을 것이다. 몰입을 하면 전문적인 지식이 없더라도 시간이 지나면서 지식을 흡수하고 자신의 것으로 재창조할 수 있다.

결국 공부도 다른 사람에게 의지하는 방식이 아닌 스스로의 힘으로 익히고 해결하는 방식으로 진행할 때 몰입하는 기쁨을 누릴 수 있다.

완벽한
몰입의
시기

18세기 조선 사회에 한줄기 빛처럼 등장했던 실학자 다산 정약용.

그는 총 500여 권의 저서를 통해 실학의 지평을 열었다. 그가 축조한 수원 화성은 유네스코 세계문화유산에 등재된 아름답고 견고한 성곽이다. 수원 화성에는 정약용과 개혁 군주 정조의 꿈이 담겨 있다.

1792년 겨울 부친상으로 삼년상을 치르고 있던 그에게 정조의 은밀한 명이 내려졌다. 새로운 조선에 대한 열망을 안고 수원 화성을 축조하라는 것이었다. 정조는 화성 축조에 10년이 걸릴 것으로 예상했지만, 정약용은 거중기를 발명해 4만 냥 이상을 절약하고, 일반 백성을 부역에 동원하지 않고도 2년 9개월 만에 완공했다. 다산은 정조로부터 화성 축조를 위한 기술적 설계를 지시받고 기존의 조선과 청나라의 기술을 바탕으로 하되, 벽돌을 이용하고 성벽의 중간 부분을 안으로 들어가게 하는 등 독창성을 발휘해 좀 더 선진화된 성의 모습을 보여 주었다.

다산은 실학자로만 규정하기 힘든 큰 인물이다. 주자(朱子)의 경전 해석에 옳고 그름을 따진 경학자였음은 기본이다. 지방 행정관이 지켜야 할 행동 지침을 정리한 《목민심서》를 펴낸 행정가요, 조선의 범죄와 형벌에 관한 법률 체계를 정리한 《흠흠신서》를 엮은 법학자이면서, 수원 화성을 설계한 건축가, 거중기와 배다리(舟橋)를 제작한 과학자였다. 그뿐 아니라 우리나라 강역에 관한 역사지리서인 《아방강역고》 등을 지어 지리학, 역사학에도 뚜렷한 학문적 업적을 이루었고, 천연두 치료법을 다룬 《마과회통》을 썼으니 의학자로도 볼 수 있다.

그는 요즘 흔히 얘기하는, 분야를 넘나드는 통섭적 인재의 전형이라 할 수 있다. 애플의 스티브 잡스는 "내 상상력의 원천은 IT 기술과 인문학의 결합"이라고 말한 바 있다. 문·이과적 특성을 동시에 갖춘 '융합형 인재'가 주목받는 현재, 한국에서 제2의 스티브 잡스가 나올 수 있을까? 다산을 연구해 보면 해답을 찾을 수 있다.

다방면에서 활약한 다산은 방대한 저작으로도 우리나라 역사상 으뜸이다. 18년간의 강진 유배 생활 중 《논어고금주》 등 경전에 관한 책 232권, 《경세유표》 등 문집 260여 권을 썼다. 1년에 18권꼴의 저술이고 한 사람이 베껴 쓰기만 해도 10년이 넘게 걸릴 분량이라고 하니 상상하기도 힘들다.

　정조가 서거하고 순조가 즉위하면서 다산은 생애 최대의 전환기를 맞았다. 소론과 남인 사이의 당쟁이 신유박해라는 천주교 탄압 사건으로 비화하면서 다산은 천주교인으로 지목받아 유배형을 받았다. 이때 다산의 셋째 형 정약종은 옥사하고, 둘째 형 정약전은 신지도로, 다산은 경상도 장기로 유배되었다. 곧 황사영 백서 사건이 일어나서 서울로 다시 불려와 조사를 받고 정약전은 흑산도로, 정약용은 강진으로 옮겨졌다.

　강진 유배 기간은 다산에게는 고통의 세월이었지만 학문적으로는 매우 알찬 결실을 얻은 수확기였다. 500여 권에 달하는 그의 저서 대부분이 유배지에서 이루어졌으니 18년간에 걸친 강진 유배 기간은 저술 작업 기간이었다고 할 만하다. 특히 이 시기에는 정치적 실천을 핵심으로 하는 경세학과 더불어 다산 사상의 큰 축을 이루는 경학(유가(儒家) 경전의 글자 · 구절 · 문장에 음을 달고 주석하며 연구하는 학문)에 대한 집중적인 연구가 이루어졌다.

　이 시기는 다산에게 있어서 완벽한 몰입의 시기였다고 할 수 있다. 오직 책을 쓰면서 모든 시름을 잊고, 자신에게 닥친 시련을 하늘이 주신 선물로 여겨 기쁘게 받아들였다. 몰입할 수 있는 조건이나 환경은 옆에서 주어지는 것이 아니라 얼마든지 자신 힘으로 만들 수 있음을 다산은 보여 주었다.

나라의 반석을 제대로 놓아 국가를 완전히 새롭게 바꾸는 것만이 유일한 해결책이라 생각하며 온몸 바쳐 노력하던 그에게 18년이라는 혹독한 유배생활이 기다리고 있을 것이라고 어느 누가 예상할 수 있었을까? 하지만 그는 절망 속에서도 희망의 끈을 내려놓지 않았다. 시대가 그에게 부여한 사명이 다른 곳에 있음을 깨닫고 하늘의 뜻을 실천했다. 아마도 그는 그를 부정하고 탄압하던 사람들과는 전혀 다른 세상에 속한 사람이었던 것 같다. 하늘에 속한 사람이라는 표현이 적당하지 않을까?

우리가 지금 애써 하고 있는 공부도 이 시대뿐만 아니라 후대 사람들에게까지 좋은 영향을 끼치는 공부였으면 좋겠다. 공부할 때 내가 하는 공부가 얼마나 중요한지 한번쯤 생각해 보는 시간을 갖는 것도 의미 있지 않을까?

밤이 지나면 새벽이 오듯이 당시의 어두운 현실은 그를 시기하고 배척했으나 오늘날 그는 '새로운 혁신과 융합의 아이콘'으로 새롭게 부활하고 있다. 몰입은 단기간의 성과에 치중하는 것이 아니라 멀리 내다보며 가치 있는 일에 자신을 온전하게 바칠 때 그 힘을 발휘할 수 있다.

더 나은 세상을
상상할 수
있는 힘

"세상을 바꾸는 데 마법은 필요하지 않습니다. 우리 내면에 이미 그 힘은 존재합니다. 우리에겐 더 나은 세상을 상상할 수 있는 힘이 있습니다."

《해리 포터》의 작가 조앤 롤링은 하버드 대학 졸업식 축사에서 마지막에 이 말을 했다.

그녀의 인생 이야기는 《해리 포터》 이야기보다 더 흥미진진하다. 그것은 모험으로 가득 차 있으며 슬픔과 좌절을 지나 극적인 반전을 통해 해피 엔딩으로 이어져 있다. 우리는 세상을 살면서 큰일이 없기를 바란다. 안정된 생활, 그것이 대부분 사람들이 추구하는 삶의 방식이다. 물론 롤링도 스스로 실패나 좌절을 원했던 것은 아닐 것이다. 그저 겪어 내야 하는 운명처럼 고난과 역경이 쓰나미처럼 밀어닥친 것이다. 그런데 그 사람이 가진 힘의 정체는 바로 그때 드러나는 법이다. 왜냐하면 거기에 대처하는 방식은 사람마다 다 다르기 때문이다.

영국 빈민가의 허름한 아파트, 쥐가 들끓고 난방조차 되지 않는 좁은 방 안에서 정부가 지원하는 최저 생계비 69파운드(약 13만원)를 받아 생활하면서 매달 끼니만 이어가는 것도 다행이라 생각하는 한 이혼녀가 있었다. 그녀는 이러한 상황에서도 자신의 꿈을 종이에 옮기는 것을 게을리하지 않았다. 어렸을 적부터 자신에게 남과 다른 상상력이 있다고 신뢰하고 있었기 때문이다.

롤링은 1965년 영국에서 태어났다. 어려서부터 책 읽기를 좋아했던 그녀는 친구들에게 이야기를 만들어 들려주기를 즐겼다. 그녀는 여섯 살 때 '토끼' 이야기를 지어내 두 살 아래인 여동생에게 들려주었다. 그것은 주인공 토끼가 홍역에 걸려 집에 누워 있는데, 동물 친구들이 병문안을 온다는 내용이었다. 그녀는 동생에게 들려준 그 이야기를 곧 연필로 적어 나가기 시작했다. 이것이 그녀의 생애 첫 작품이었다. 그리고 열 살 무렵 두 번째 작품인 〈일곱 개의 저주받은 다이아몬드〉라는 단편 소설을 쓰기도 했다.

조앤 롤링의 유년기와 청소년기는 끊임없이 책을 읽고 이야기를 만들어 나가는 삶의 연속이었다. 그녀는 특히 C. S. 루이스의 《나니아 연대기》와 제인 오스틴의 《에마(Emma)》를 즐겨 읽었다. 대학 시절 고전과 신화 이야기에 관심이 많았던 조앤은 톨킨의 《반지의 제왕》을 너덜너덜해질 때까지 읽었다고 한다. 이렇게 글쓰기를 즐기고 고전을 반복해서 읽는 습관은 그녀가 《해리 포터》 이야기를 쓰는 데 훌륭한 밑천이 되어 주었다.

불문과를 졸업한 그녀는 런던의 작은 회사 비서로 취직했으나 틀에 짜인 직장 생활에 적응하지 못하고 회사에서 쫓겨났다. 그 후 맨체스터에 있는 직장으로 옮겼다. 런던에서 맨체스터로 기차 통근을 하던 시절, 그녀는 기차에서 책을 읽거나 글을 다듬거나 바깥 풍경을 바라보는 혼자만의 즐거움을 누리곤 했다. 《해리 포터》는 이 기차 안에서 탄생했다.

그녀는 1990년 6월 어느 날 일을 마치고 런던으로 돌아가던 도중, 기계 장치에 문제가 생겨 기차가 4시간가량 지체할 것이라는 안내 방송을 듣고, 차창 밖으로 풀을 뜯고 있던 홀스타인 얼룩소들을 바라보다가, 문득 해리에 관한 아이디어가 떠올랐다고 한다.

'자신이 마법사라는 사실을 알지 못한 채 우연히 마법 학교에 가게 된 소년'

머릿속에는 마법 학교에 입학하라는 통지서를 받을 때까지 자신이 마법사인지 몰랐던 소년에 관한 이야기가 그려졌다. 조앤 롤링은 눈을 감고 해리에 대한 상상을 계속해 나갔다. 기차가 런던에 도착했을 때는 이미 《해리 포터》 제1권의 기본 구상이 완성되었고, 그녀는 자신의 방으로 들어가 상상한 내용을 미친 듯이 적어 나갔다. 맨체스터에서 계속 직장 생활을 하면서 롤링은 소년 마법사의 모험담을 구체화해 나갔다.

《해리 포터》에 등장하는 인물의 이름과 성격, 장소는 조앤 롤링의 어린 시절 경험을 바탕으로 하고 있다. 가령 해리 포터의 성(姓) '포터'는 롤링의 절친했던 친구 이름에서 가져왔고, 덤블도어와 스네이프의 성격은 그녀가 학창 시절에 만난 여러 교사에게서 가져왔다.

그런데 생활이 안정되어 갈 즈음 어머니가 동맥 경화로 갑자기 숨지게 된다. 슬픔과 충격에 휩싸인 롤링은 회사를 그만두고 해리 이야기에 몰두하며 어려움을 이겨내기 위해 노력한다. 그러던 중 포르투갈에서 영어 교사를 모집한다는 소식을 듣고 건너가서 영어 교사가 되고 결혼까지 했지만, 순탄치 못한 결혼 생활은 파경을 맞게 된다. 다시 영국으로 돌아와 아이를 키우며 학교를 다니고, 보조금으로 생활하는 어려운 나날이 계속되었다. 절망스러운 상황이었지만 그녀는 계속해서 글쓰기를 포기하지 않았다.

첫 구상으로부터 5년 만인 1995년 조앤 롤링은 드디어 첫 원고를 완성했다. 생활고에 시달린 그녀는 소설을 완성한 후 복사할 돈이 없어 타자기로 원고를 두 번이나 옮겼다. 1996년 원고를 받은 한 출판사에서 출간을 원했고, 책은 출간하자마자 놀라운 속도로 팔렸다. 무일푼이었던 조앤 롤링의 《해리 포터》는 200개국에서 70여 개의 언어로 출판돼 4억 5천만 부 이상 팔렸다. 마법과 같은 일이 벌어진 것이다. 우리가 보기엔 마법 같은 일일지 몰라도 그녀 입장에서는 '그동안 나의 고통을 하늘이 이제야 알아주시는구나!' 했을 것이다.

그녀 말대로 마음속에 상상의 힘이 있었기에 현실을 바꿀 수 있었던 것이다.

'사람이 직접 하늘을 날 수는 없을까?'라는 꿈은 인류의 오래된 꿈이다. 물론 이 같은 인류의 오랜 꿈은 시간이 걸리긴 했지만 현실이 되었다. 20세기 최대의 발명으로 꼽히는 비행기가 하늘을 난 것은 1903년 미국 노스캐롤라이나주 키티 호크 해변에서였다. 날고 싶은 인간의 꿈과 상상을 라이트 형제가 현실화한 것이다. 지금은 미국과 러시아, 중국 등 강대국들이 우주 탐사 전쟁을 벌이며 천문학적인 돈을 쏟아붓고 있다. 상상 속에 머물렀던 우주 여행이 일상화될 날도 머지않은 듯 싶다. 그렇듯 《해리 포터》에서 보여 준 수많은 마법 세계도 언젠가는 우리의 현실이 될지도 모를 일이다. 세상 모든 일들이 한 사람의 상상 속에서 시작되었다는 것을 생각해 본다면 뭔가를 상상하는 일은 결코 시간 낭비가 아니라 창조적인 행위라 할 수 있다.

긍정적 상상은 부정적인 현실을 넘어서는 힘을 준다. 또 자신이 갈 길과 방향을 분명히 해줌으로써 과제에 대한 몰입을 쉽게 한다. 조앤 롤링이 아이가 잠든 사이에 집 앞 커피숍에서 매일같이 소설을 쓰는 데 몰입했던 힘도 내면의 긍정적 상상의 힘이 었다는 사실을 기억하자. 지금 우리가 하는 공부와 미래를 긍정적으로 연결할 수 있다면 우리는 좀 더 쉽게 공부에 몰입할 수 있다.

08

개미와
몰입

톨스토이, 셰익스피어, 헤르만 헤세 등과 함께 한국인이 가장 좋아하는 외국 작가로 선정되기도 한 베르나르 베르베르는 항상 상상력과 기발함이 가득 찬 내용으로 독자들에게 신선함을 선사한다.

베르베르의 책이 유독 우리나라에서 인기 있는 이유도 새로움을 찾는 한국인의 심리와 맞아떨어지기 때문이다. 그의 소설은 참신함으로 가득하다. 누구나 생각할 수 있는 진부한 것들이 아닌 '아니, 어떻게 그런 생각을 다했지?'라며 웃음 짓게 한다.

1991년에 발표된 베르베르의 대표작이자 처녀작인 《개미》는

〈과학과 미래〉 독자상을 수상하며 대단한 성공을 거두었으며, 30여 개 언어로 번역되었으며 전 세계적으로 수천만 부 이상이 판매되었다. 이 책은 특이하게 개미의 관점에서 인간에 대해 이야기하고 있다.

베르베르의 개미 관찰은 개미들의 조직 생활과 일하는 모습에 매료되면서부터 시작된다. 그가 개미의 입장에서 생각하고 개미의 집을 부수지 않게 된 것은 12살 무렵이었다고 한다. 그는 17살이 되던 해에 자신의 첫 개미도시를 방 안으로 가져오면서 본격적으로 소설 《개미》를 구상한다.

그러다 그의 개미 관찰은 획기적인 전기를 맞는데, 1983년 〈뉴스〉 재단에서 마련한 콘테스트에서 아프리카의 코티드부아르로 가서 마냥 개미를 관찰하게 된다. 이때 그는 개미 떼의 공격을 받고 죽을 고비를 넘기기도 했다.

집으로 돌아온 그는 소설 《개미》의 집필에 더욱 몰두했다. 무려 120번에 가까운 개작을 거듭해 1991년 봄 드디어 소설 《개미》를 탈고한다. 13년 동안 하나의 작품에만 몰두했던 그의 작품에 세상은 아낌없는 칭찬과 격려를 해주었다.

베르베르가 첫 작품에서 큰 성과를 거둘 수 있었던 것은 '개미'에 대한 그의 지독한 몰입 때문이었다. 개미와 함께 잠들고 개미와 함께 잠에서 깼다. 개미만 생각하고 개미의 눈으로 세상을 바라보았다. 그렇게 몰입을 하다 보니 전혀 새로운 관점으로 세상을 바라보고, 독자들의 눈을 사로잡게 된 것이다.

베르베르는 인간은 인간의 생각으로만 모든 걸 판단하기 때문에 더 발전할 수 없다고 책에서 말하고 있다. 개미의 입장 혹은 다른 존재의 입장에서 생각하면서 더 넓은 시야를 가지라는 것이다.

준비에서 출간까지 9년이나 걸린 작품인 《신》은 다음과 같은 생각에서 구상되었다.

'인간의 역사가 기록되었지만 그 기록들은 승자의 기록일 뿐 완전한 진실은 아니다. 그렇다면 우리는 과거의 진짜 역사를 영원히 알 수 없단 말인가? 그 역사를 처음부터 끝까지 보고 증언할 존재는 없는가? 만약 있다면 누구일까? 그는 바로 신이다.'

'내가 만약 신이라면 이 세상을 어떻게 바꿀까?'

좋은 질문은 좋은 생각으로 안내한다. 질문과 몰입은 연결되어 있다. 적절한 질문을 찾아낸다면 다른 사람이 생각하지 못한 새로운 것들을 발견할 수 있다. 그런데 그는 어떻게 남들과 다른 생각을 할 수 있게 된 걸까?

베르베르는 상상력은 인간에게만 주어진 것으로 아무리 컴퓨터가 발달하더라도 인간이 가진 '창조' 능력은 갖지 못할 것이라고 말한다. 또한 컴퓨터는 절대로 인간을 뛰어넘을 수 없으며 인간은 실제로 사용하지 않는 무한한 능력을 갖고 있다고 말한다. 즉, 거의 모든 인간은 정신세계의 20% 정도만 사용하기 때문에 우리 감각이나 힘, 재능을 끝까지 사용하는 데 익숙하지 않고, 모두 사용하는 경우도 거의 없다고 본다. 그래서 사람들은 서로 소통하는 것은 물론 자신의 무의식 세계와 소통하는 것도 익숙하지 않다는 것이다.

베르베르는 자기 자신과 소통하기 위해서 잠자리에서 일어나자마자 밤에 꾼 꿈에 대해 기록한다. 우리는 보통 매일 아침 잠에서 깨면 꿈을 잊어버리고 기억하지 못하는 경우가 많다. 그는 꿈이란 우리에게 전해 주는 내적 세계이기 때문에 자신과의 단절된 소통부터 바로잡는 것이 중요하다고 생각한다. 베르베르는 아침마다 꿈에 대한 기록 작업을 계속하는 과정에서 많은 소설의 아이디어를 구했다고 한다. 잠자는 시간까지 알뜰하게 소설 창작에 몰입한 것이다.

제대로 된 몰입을 경험하기 위해서는 자신과의 진정한 대화와 소통이 우선임을 알 수 있다. 또 단절된 시간을 만들지 않아야 몰입에 쉽게 들어갈 수 있다는 사실도 배우게 된다.

그렇게 간밤의 자신과 내적 소통을 마치면 본격적으로 소설을 쓴다. 오전 8시부터 12시 30분까지 그는 매일 4시간 30분 동안 글을 쓴다. 규칙적인 생활 속에서 자기가 상상했던 비현실적인 것을 현실적인 글로 바꾸어 나간다. 또 상상력을 자극하기 위해 여행도 많이 한다고 한다.

상상도 규칙적으로 하는 것이 중요하며, 규칙적인 생각 훈련이 몰입의 첩경임을 그를 통해 다시 깨닫게 된다.

'인간에게는 누구나 인생과 우주에 대해 질문을 던지고 답을 찾을 수 있는 능력이 있다.'고 말하는 그의 의견에 동의하는가? 우리는 스스로 무한한 능력을 갖고 있음을 먼저 믿어야 한다. 믿는 마음이 먼저다.

삼인칭은 뭐고,
기하는
무슨 뜻인가?

무애(无涯) 양주동(梁柱東, 1903~1977)은 시인이자 영문학자이며, 신라 향가 등 한국 고가(古歌)를 연구하여 초기 국어학계에 큰 업적을 남긴 학자이다. 양주동은 향가 연구에 가장 뛰어났던 권위자다. 아마 양주동이 아니었다면, 우리는 교과서에 실린 〈제망매가〉, 〈찬기파랑가〉, 〈안민가〉 같은 향가 작품들을 배우지도 못했을 것이다. 왜냐하면 양주동 이전에는 향가를 표시하는 향찰과 이두의 뜻을 정확히 몰랐기 때문이다.

양주동은 여섯 살 때 아버지를 여의고 열두 살 때 어머니마저 여읜 천애의 고아가 된다. 양주동은 3·1 운동 이듬해인 1920

년(18세)에 신학문을 배우려고 상경하여 중동학교 고등속성과에 입학한다. 그는 수학과 영어 학습에 열중하면서 1년 만에 중학교 전 과정을 마친다. 이 과정에서 양주동이 소년 시절 겪은 공부에 대한 일화가 눈길을 끈다.

▪ 혼자서 영어를 공부하다

1910년대 당시 양주동은 체계적인 영어 공부를 해본 적이 없지만 한학(漢學)에는 일가견이 있어서 사서삼경을 줄줄이 꿰고 있는 상황이었다. 하지만 신학문의 필요성을 느끼고 서울로 유학을 준비하던 중 영어를 혼자 힘으로 공부해 보리라 결심한다.

자습한 교재는《무선생영어자통(無先生英語自通)》이란 책이었는데, 제목 자체가 '가르치는 선생님 없이 영어를 스스로 통하게 된다.'는 의미를 담고 있었다. 양주동은 매일 집중하여 책을 정독했다. 선생님의 도움 없이 그저 교재를 읽으며 공부한다는 것이 쉬운 일이 아니었지만, 굴하지 않고 집중한 결과 1달 만에 꽤 많은 진도를 나갈 수 있었다.

그런데《무선생영어자통》을 혼자 공부하다가 어느 날 문득 중대한 의문과 난관에 봉착하였다. 책 중간쯤에 있는 문법 설명에 다음과 같은 내용이 있는 것이다.

'삼인칭 단수가 주어인 경우에는 동사 끝에 −s를 붙이니라.'

같은 동사인데 어떤 말이 주어가 되면 −s를 붙이는 것이 왠지 이상했지만 어찌됐건 −s자를 무조건 붙이라 하니 그대로 덮어놓고 붙이기로 했다. 또 주어와 단수란 말의 뜻은 대강 짐작하겠으나 문제는 한 번도 들어본 적도 없고 무슨 뜻인지 심작도 가지 않는 '삼인칭(三人稱)'이란 단어였다.

'삼인칭? 삼인칭! 세 사람이 일컫다니 대관절 무엇인가?'

읽고 또 읽어도 무슨 뜻인지 도통 알 길이 없었다. 그 당시 양주동은 이미 사서오경(四書五經), 제자백가(諸子百家)를 두루 섭렵한 '대가'라는 자부심이 있었는데, 이 간단한 한문 석 자의 결합인 '삼인칭'이란 단어를 알 길이 없었다. 그는 삼인칭이란 낯선 단어를 해석하기 위해 며칠 동안 심사숙고를 거듭했으나 좀처럼 해답이 나오지 않았다.

〈논어(論語)〉에 '삼인행(三人行), 필유아사(必有我師)'라 하였으니, 그것을 말하는 것일까? 〈춘추좌씨전〉에 '삼인점(三人占), 종이(從二)'라 했으니, 그것에 관련된 말인가? 그러나 그것들 모두 문법과 관련된 내용이 아니었다. 그래서 궁여지책으로 '독서백편의 자현(讀書百遍義自見. 책이나 글을 백 번 읽으면 그 뜻이 저절로 이해된다.)'이란 성현의 말씀이 생각나 마음속으로 '삼인칭'을 반복하여 생각했으니 끝내 그 뜻을 해석하지 못했다.

결국 겨울날 아침 눈길 이십 리를 걸어 읍내에 들어가 일본인 보통학교 교장을 찾아 그 말뜻을 물어보았으나, 그 역시 모르겠노라고 두 손을 저었다. 크게 낙심하여 나오는 길에 혹시나 하고 젊은 일본인 교사에게 시험 삼아 물었더니, 그가 아주 싱글

벙글하면서 순순히 말뜻을 가르쳐 주었다. 그는 양주동에게 이렇게 말해 주었다.

"'나'가 아닌, '너'가 아닌 '그'를 제삼인칭이라 하느니라."

그 말을 듣자 '아아, 이렇게도 쉬운 말이었다니!' 하고 마음속으로 외치며 기쁨과 환희를 느꼈다.

양주동은 감사한 마음에 그 젊은 '선생'에게 인사를 하고 물러나왔다. 그런데 나오면서 생각하니 자신과 나이 차이도 많이 나지 않고 더군다나 한문의 귀재라고 자부하는 자신이 일본인에게 이렇게 무식을 드러낸 것이 부끄럽기도 하고 한편 분하기도 했다. 그는 섬돌을 내려오다가 문득 되들어가 '선생'에게 짐짓 물었다.

"선생님, 그러면 '말똥'은 무슨 '칭'입니까?"

그러자 그 '선생'은 머리를 긁으며 고개를 갸웃거렸다.

"글쎄, '말똥'도 '인칭'일까?"

양주동은 그날 왕복 사십 리를 걸어 피곤한 몸으로 집에 돌아왔지만, 하도 기뻐서 저녁도 안 먹은 채 밤이 깊도록 책상에 앉아 메모한 '삼인칭'의 뜻을 되뇌고 글로 정리했다.

"'나'가 일인칭, '나'와 '너' 외엔 우수마발(牛搜馬勃, 쇠오줌, 말똥)이 다 삼인칭이니라."

그는 그렇게 혼자서 힘들게 《무선생영어자통》을 졸업한 후 다음 해에 상경하여 중학교에서 정식으로 영어를 배우게 되었다.

▓ 몇 어찌?

양주동이 중학교의 전 과정을 단 1년간 수료하는 중동학교 고등속성과에 입학한 것은 3·1 운동 이듬해였다. 신학문에 대한 부푼 기대와 희망으로 학교에 들어갔다.

그는 개학 전날 교과서를 사서 하숙집에 돌아와 큰 호기심을 가지고 훑어보았다. 그러던 중 '삼인칭'에 못지않은 참 기괴한 단어를 발견했는데, 그게 곧 '기하(幾何)'라는 것이었다. '기하'의 '기(幾)'는 '몇'이란 뜻이요, '하(何)'는 '어찌'란 뜻의 글자임을 익히 알고 있었지만 이 두 글자로 이루어진 '기하'의 뜻은 도무지 알 수가 없었다.

첫 기하 시간이 되자 양주동은 자리를 정돈하고 앉아서 선생님을 기다렸다. 이윽고 선생님께서 들어오셔서 막 강의를 시작하실 때였다. 맨 앞줄에 앉았던 그는 손을 번쩍 들고 질문했다.

"선생님, 대체 '기하'가 무슨 뜻입니까? '몇 어찌'라뇨?"

선생님께서는 이 기상천외한 질문을 받으시고, 처음에는 선생님을 놀리려고 그러는 줄 아시고 '어디서 왔느냐? 정말 그 뜻을 모르느냐?'고 물으셨다. 그러나 아무 악의도 없음을 알아채고는 그 말의 유래와 뜻을 가르쳐 주셨다.

"영어의 '지오메트리(geometry, 측지술)'를 중국 명나라 말기의 서광계가 중국어로 옮길 때, 이 말에서 '지오(geo-, 地, 땅)'를 따서 '지허'라 음역(音譯)한 것인데, 이것을 우리는 우리 한자 음을 따라 '기하'라 한 것이다. 알겠느냐?"

"예."

"너, 한문은 얼마나 배웠느냐?"

"사서삼경, 제자백가 무불통지입니다."

"그런데, '기하'의 뜻을 모른다?"

"한문엔 그런 말이 없습니다."

"허허, 그런데 너 내일부터는 세수 좀 하고 오너라."

"예."

사실 그는 '기하'란 말의 뜻과 내용을 생각하는 데 너무 골똘한 나머지 세수하는 것도 잊고 등교했던 것이다. 나머지 시간은 강의가 일사천리로 계속되어, '점, 선, 면'의 정의를 배우고 '각, 예각, 둔각, 대정각'을 배우고, '공리, 정리, 계'란 용어를 배웠다.

하숙집에 돌아온 그는 또 '정리란 증명을 요하는 진리다.'라는 참으로 알 수 없는 문장을 뇌까리면서 다음 기하 시간을 초조하게 기다렸다.

다음날 기하 시간이었다. 공부할 문제는 '정리 1. 대정각(對頂角, 맞꼭지각)은 서로 같다.'를 증명하는 것이었다. 이번에도 그는 또 손을 번쩍 들고 물었다.

"곧은 막대기 두 개를 가위 모양으로 교차하게 고정시켜 놓고 벌렸다 닫았다 하면, 아래위의 각이 서로 같을 것은 당연한 이치인데, 무슨 다른 '증명'이 필요하겠습니까?"

선생님께서 허허 웃으시고는, 그건 비유지 증명은 아니라고 하셨다.

"그럼, 비유를 하지 않고 대정각이 같다는 걸 증명할 수 있습니까?"

"물론이지. 음, 봐라."

선생님은 칠판에 두 선분을 교차되게 긋고, 한 선분의 두 끝을 A와 B, 또 한 선분의 두 끝을 C와 D, 교차점을 O, 그리고 ∠AOC를 a, ∠COB를 b, ∠BOD를 c라 표시한 다음, 그에게 질문을 하며 칠판에 식을 써 나가셨다.

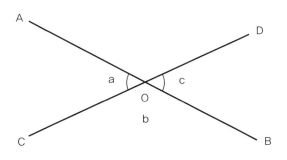

"a+b는 몇 도지?"

"180도입니다."

"b+c도 180도이지?"

"예."

"그럼, a+b=b+c이지?"

"예."

"그러니까, a=c 아니냐?"

"예. 그런데, 어찌 됐다는 말씀이십니까?"

"잘 봐라, 어떻게 됐나."

"아하!"

멋모르고 "예, 예." 하다 보니 어느덧 대정각(a와 c)이 같아져 있지 않은가! 그 놀라움, 그 신기함, 그 감격. 양주동은 그 과학적·실증적 학문적 태도에 아찔한 현기증을 느꼈는데, 조국의 모습이 눈앞에 퍼뜩 스쳤다.

'현대 문명에 지각하여, 영문도 모르고 무슨무슨 조약에다 "예, 예." 하고 도장만 찍다가, 결국 "자 봐라, 어떻게 됐나" 하고 망국의 슬픔을 당한 내 조국! 오냐, 신학문을 배우리라. 나라를 찾으리라.'

그는 그날 밤을 하얗게 새웠다.

양주동은 국보라 일컬어질 만큼 천재적인 능력을 가진 것은 분명하지만 저절로 그런 능력을 얻게 된 것은 아니다. 모르는 것을 만나면 알 때까지 기어코 생각을 멈추지 않는 태도는 집중력과 몰입이 어떻게 만들어지는지 알게 해준다.

공부할 때는 일단 스스로 알기 위해 모든 노력을 다 해보다가 그래도 잘 몰라서 선생님께 물어보면 약간의 힌트나 조언을 들어도 완전히 자신의 지식이 되고 큰 깨달음을 얻게 된다는 것도 알 수 있다.

더구나 신학문을 배워 빼앗긴 나라를 되찾겠다는 의지를 다지는 장면에서 자신만의 공부 이유를 찾는 것도 몰입에 매우 중요한 영향을 끼치는 것을 알 수 있다.

몰입의 사람들

❶ 미켈란젤로가 시스틴 성당에 그림을 그리는 것처럼 몰입하는 사람은 자신의 캔버스에 그림을 그리듯 자신의 일을 사랑하고 즐거워한다.

❷ 세상 사람들이 생각하지 못한 것을 생각해 내는 것은 어려운 일이다. 열심히 일을 한다고 해서 아이디어가 나오는 것은 아니다. 아이디어는 고민과 생각의 집중을 통해 피어난다.

❸ 이순신 장군은 매일 바다로 나가 적을 이길 궁리를 했다. 아무리 위기의 순간이라도 반드시 해결책은 있으며, 집중하여 사고하는 몰입 속에서 그 답을 찾을 수 있음도 기억하자.

❹ 모든 문제에는 반드시 해결책이 있다고 한다. 공부할 때도 생각하고 또 생각하다 보면 반드시 해답을 찾게 된다는 사실을 경험한 사람은 알 것이다.

❺ 침팬지 연구에 완전히 몰입되어 커다란 업적을 남긴 제인 구달처럼 몰입을 하면 전문적인 지식이 없더라도 시간이 지나면서 지식을 흡수하고 자신의 것으로 재창조할 수 있다.

❻ 유배 시기에 다산은 오직 책을 쓰면서 모든 시름을 잊고, 자신에게 닥친 시련을 하늘이 주신 선물로 여겨 기쁘게 받아들였다. 몰입할 수 있는 조건이나 환경은 옆에서 주어지는 것이 아니라 얼마든지 자신 힘으로 만들 수 있음을 다산은 보여 주었다.

❼ 긍정적 상상은 부정적인 현실을 넘어서는 힘을 준다. 또 자신이 갈 길과 방향을 분명히 해줌으로써 과제에 대한 몰입을 쉽게 한다. 지금 우리가 하는 공부와 미래를 긍정적으로 연결할 수 있다면 우리는 좀 더 쉽게 공부에 몰입할 수 있다.

❽ 상상력을 자극하기 위해 독서와 여행도 많이 해야 한다. 상상도 규칙적으로 하는 것이 중요하며, 규칙적인 생각 훈련이 몰입의 첩경이다.

❾ 모르는 것을 만나면 알 때까지 기어코 생각을 멈추지 않는 태도는 집중력과 몰입이 어떻게 만들어지는지 알게 해준다. 공부할 때는 일단 스스로 알기 위해 모든 노력을 다 해보다가 그래도 잘 몰라서 선생님께 물어보면 약간의 힌트나 조언을 들어도 완전히 자신의 지식이 되고 큰 깨달음을 얻게 된다.

PART 03

몰입으로
가는 길

10대를 위한 몰입 공부법 ● ●

성공의
핵심
기술

우리가 어떤 일에 몰입하기 위해서는 우선 목표가 분명해야 한다. 시험 기간이 다가오면 누구나 평소보다 더 열심히 공부하게 되는데 그것은 시험이라는 분명한 목표가 있기 때문이다. 시험 준비 기간에는 평소보다 훨씬 공부가 잘되는 것을 느낀다. 시험뿐만 아니라 바둑이나 장기, 체스를 둘 때 매우 빨리 몰입하게 되는 경험을 누구나 가지고 있다. 그런 상황에서 몰입이 잘 되는 이유는 승리라는 분명한 목표가 주어져 있고 규칙이 간단하며 일의 진척도를 바로바로 파악할 수 있기 때문이다.

목표는 대상을 분명하게 해준다. 브라이언 트레이시는 그의 책에서 "목표를 설정하고 그것을 성취하기 위한 계획을 세우는 능력이 바로 '성공의 핵심 기술'"이라고 말한 바 있는데, 분명한 목표를 갖고 그것을 이루기 위해 노력하는 것이 성공한 사람들의 필수 특징이라는 사실은 널리 알려져 있다.

전설적인 농구 황제 마이클 조던은 그의 책에서 다음과 같이 말했다.

한 걸음 한 걸음 나아가는 것, 어떤 일을 하든지 목표를 달성하는 데 뛰어난 방법은 없었다. 나는 언제나 '최고가 된다'는 궁극적인 목표를 가지고 있었다. 하지만 무슨 일을 하던 한 걸음씩 나아가기 위해 언제나 단기적인 목표를 세웠다. 지금 돌이켜 보니 각각의 단기적인 목표나 성공이 다음 목표를 이뤄 준 것 같다.

고등학교 2학년 때 학교 농구부에서 탈락된 적이 있었다. 이때 나는 많은 것을 배웠다. 다시는 그런 뼈아픈 경험을, 입안에 쓰디쓴 느낌을, 위장에 구멍이 뚫린 것 같은 고통을 겪지 않겠다는 것이 바로 그것이다.

그래서 나는 농구 팀의 주전 선수가 되겠다는 목표를 세웠다. 그리고 여름 내내 그 목표를 달성하기 위해 정신을 집중했다. 시합할 때도 목표 달성만 생각했다. 그리고 그 목표를 달성했을 때는 열심히 노력하면 실제로 성취할 수 있는 합리적이고 실현 가능한 다음 목표를 세웠다.

나는 그때마다 장차 내가 있고 싶은 곳과 내가 바라는 선수가 된 나의 모습을 마음속에 그려 보곤 했다.

나는 내가 세운 목표를 마음속에 깊이 새기고 접근했던 것 같다.

내가 가고 싶은 길을 정확히 알고 있었고 그 길을 가는 데 집중했다. 내가 정한 목표들을 이루었을 때는 다음의 다른 목표를 세웠다. 나는 일단 목표를 세우고 그 목표에 충실할 때는 어떤 것도 두렵지 않았다.

마이클 조던은 실현 가능한 단기 목표를 세웠고, 그 목표를 이룬 다음 또 다른 목표를 세웠다. 그리고 그것이 이뤄지는 모습을 상상했다. 여기에 성공의 핵심 기술이 들어 있다. 많은 학자들의 연구와 성공한 사람들의 경험에 의하면 우리의 두뇌에는 목표 성취를 향해 착오 없이 우리를 안내해 주는 성공 시스템이 작동하고 있다. 이것은 마치 운전할 때 목적지를 입력해 놓으면 경로를 이탈할 때마다 피드백을 해주듯이 우리가 나아갈 방향을 자동으로 알려 준다. 두뇌의 이런 시스템 덕택에 우리가 목표를 명확히 하고 끈기 있게 계속 집중하기만 하면 어떤 목표라도 거의 대부분 성취할 수 있다. 따라서 성공하기 위해서 우리에게 정말 중요한 문제는 우선 목표를 잘 세우는 것이다.

▪ 명확한 목표를 위하여

성공 철학의 거장 나폴레온 힐은 자신의 철학을 정리하고 집대성하는 데 20년 이상의 세월을 보냈다고 한다. 그 과정에서 16,000명 이상의 사람들을 분석하고 연구했는데 그중 눈길을 끄는 통계 자료가 있다.

16,000명 중 95%는 실패자로 분류되었고, 단지 5%만이 성공자였다. 통계 자료에서 밝혀진 놀라운 사실은 95%의 실패자들은 공통적으로 '명확한 목표'가 없었다고 한다. 반면에 성공한 5%의 사람들은 명확한 목표와 그에 맞는 명확한 계획을 가지고 있었다. 또한 5%의 사람들은 저축하는 습관이 있었으며, 95%의 실패자들은 그렇지 않았다고 한다. 즉, 성공하는 사람들은 명확한 목표와 그것을 이루기 위한 명확한 계획이 있었으며, 목표 달성을 위해 저축하며 준비하는 데 집중했다는 것이다.

여기서 중요한 것은 '명확한 목표'의 가치이다. 많은 사람들에게 목표가 무엇이냐고 물어보면 '부자가 되고 싶다.'거나 '경제적인 자유를 갖고 싶다.'고 말한다. 과연 이러한 것은 목표라고 할 수 있을까? 학생들이 '공부를 잘하고 싶다.'거나 '좋은 성적을 받고 싶다.'는 것을 목표로 얘기하는 경우가 많다. 마찬가지로 이것들은 목표가 될 수 있을까?

이 물음은 '과연 이것들이 명확한가?'라는 기준에 비추어 보면 알 수 있다. 목표가 명확하지 않으면 명확하지 않은 결과가 나올 수밖에 없다. 공부를 잘하고 싶다거나 부자가 되고 싶다는 것은 막연한 바람에 불과하다. 그러므로 목표를 세울 때는 '명확'하게 세우는 것이 중요하다.

막연한 '바람'을 목표라고 착각하고 살아간다면 과녁에 맞출 화살을 엉뚱한 곳에 쏘듯이 힘과 에너지를 분산시키고 말 것이다. 목표를 정할 때는 신중하게 생각해서 정해야 하며, 정한 목표는 자주 볼 수 있도록 써서 붙여 놓거나, 가지고 다니는 것이 좋다. 그래야 목표가 나의 마음속에 깊이 자리 잡아 변화를 실천할 수 있다.

뚜렷한 학습 동기가 있는 학생들은 이루고자 하는 목표가 분명하다. 이들은 학습 계획을 체계적으로 세워 실천하고 유혹을 쉽게 물리친다. 그러나 학습 동기 없이 의무적으로 공부하는 학생들은 유혹에 쉽게 흔들린다. 학습 과정 자체도 일관성이 없고 체계적이지 못하다. 목표는 몰입으로 인도하여 공부의 즐거움을 선사하지만, 목표가 없으면 쉽게 좌절하고 방향을 잃게 된다.

등산이 취미인 사람들은 거의 매주 산을 오른다. 산을 오를 때 정상에 도달한다고 해서 돈을 주는 것도 아닌데 땀을 뻘뻘 흘리면서도 재미를 느끼며 올라가는 것은, 그 산을 올라가려고 마음먹은 사람이 자기 자신이기 때문이다. 산을 올라간다는 목표를 자신이 정하고 올라갔기 때문에 힘든 것도 이겨내고 재미도 발견하는 것이다. 과정 자체를 즐기니 몰입이 쉬워진다.

학습 과정에서의 집중력 유지는 공부의 '질'을 좌우하는 핵심 요소이다. 집중력을 향상시키고 이를 유지하기 위해서는 '능동적'으로 집중하는 태도가 중요하다. 장기적인 큰 목표를 정했다면 그 아래 단기 목표를 정하고, 하루의 목표나 그날 공부할 분량을 미리 정하는 세부적인 계획을 세워 꾸준히 실천해 나간다면 누구라도 공부에 집중하고 몰입할 수 있을 것이다.

몰입으로
이끄는
안내자

"17살 때 이후 33년 동안 매일 아침마다 거울을 보면서 물었다. 오늘이 내 인생의 마지막 날이라면 지금 하려는 일을 할 것인가? 인생의 중요한 순간마다 곧 죽을지도 모른다는 사실을 명심하는 게 내 삶의 가장 중요한 도구가 됐다."

스티브 잡스의 스탠퍼드 대학 졸업식 축사 가운데 한 대목이다. 잡스가 17살 때 읽은 어느 책에 "하루하루를 인생의 마지막 날처럼 산다면 언젠가 당신의 삶은 옳은 삶이 될 것이다."라는 구절이 적혀 있었다. 큰 영감을 받은 잡스는 이 구절을 늘 되뇌었다고 한다. 그리고 매일 그날 할 일을 적어 보고 물어보았다.

'오늘이 인생의 마지막 날이라면 과연 이 일을 할 것인가?'

그렇게 묻고 다시 할 일의 목록을 보면 그중에서 중요하지 않은 것들은 뒤로 밀리고 정말 중요한 일들만 선명하게 남아 있었다. 그렇게 중요한 일들만 실천한 결과 '우주에 흔적을 남기고 싶다.'는 자신의 꿈에 다가갈 수 있었다.

전설적인 수학자 에어디시도 말했다.

"애들은 자기가 죽는다는 생각을 안 해요. 나도 네 살 때까지는 그랬지요. 그런데 어느 날 어머니와 함께 가다가 그 생각이 잘못되었다는 것을 알았어요. 나는 울기 시작했습니다. 내가 죽는다는 것을 깨달았죠. 그때 이후 나는 늘 좀 더 젊어지려고 노력했습니다."

그는 자신이 삶에 더욱 진지해질 수 있었던 이유는 죽음에 대한 인식과 삶이 영원하지 않다는 것을 깨달았기 때문이라고 했다.

긍정 심리학의 대가인 칙센트미하이는 '위대한 업적을 남긴 사람들이 목표에 몰입할 수 있었던 공통적인 이유는 삶의 유한성 내지 죽음에 대한 두려움 때문'이라고 분석했다. 그는 이런 분석을 통해 죽음에 대한 통찰이야말로 생존을 위한 최소한의 노력이 아닌 후회 없는 삶을 위한 최대한의 노력을 하게 만든다고 말했다. 즉, 죽음에 대한 통찰은 몰입으로 이끄는 안내자인 것이다.

돌이켜 보면 우리의 삶은 정말 유한하다. 만약 무한하다면 우리가 그렇게 삶을 소중하게 생각하지도 않을 것이다.

어릴 적 어느 날 문득 '사람은 언젠가는 죽는구나!'라는 생각에 갑자기 우울해지거나 홀로 심각해졌던 기억이 누구나 있을 것이다. 나도 비슷한 생각 때문에 무기력에 빠져 힘든 청소년기를 보낸 적이 있다.

'사람은 언젠가는 죽는다. 그렇다면 뭣 때문에 열심히 살아야 하는가? 다 의미 없는 것이 아닌가?'

그렇게 한동안 고민을 하다가 문득 생각이 들었다.

'사람은 결국 언젠가는 죽는다. 나는 그 사실을 알고 있다. 그렇다면 나는 선택을 해야 한다. 어떤 것이 최선의 삶인지, 후회하지 않는 삶을 선택하는 것이 중요하지 않을까?'

그 후 나의 생활이 적극적으로 변하면서 의미 있는 것들을 찾는 데 초점을 맞추게 되었다.

누구에게나 이 세상에서 허락된 시간이 있다. 그 시간이 지나면 미련 없이 이 세상과 작별해야 한다. 때문에 우리는 매일 매일 주어지는 소중한 시간을 아낌없이 후회 없이 사용해야 한다. 만약 우리가 죽음에 대해 전혀 의식하지 않고 산다면 그만큼 우리의 삶은 진지하지 않게 된다. 의무감으로 사는 사람에게 보람과 행복이 뒤따라올 리 없다.

죽음을 의식한 삶과 그렇지 않은 삶은 전혀 다른 삶이다. 죽음을 의식하면 매순간 깨어 있고 본질을 볼 수 있게 된다. 또한 현재에 감사하게 된다. 살아 있다는 것은 참으로 감사한 일이며 기적이다. 이러한 문제의식으로 삶을 바라본다면 현재에 보다 더 최선을 다하게 된다. 유한한 인생에서 최선을 다하는 행위들은 모두가 다 공부다. 최선을 다한다는 것은 몰입으로 가고 있다는 뜻이다. 공부가 힘들거나 나태해지는 자신을 발견할 때 이세상에서 한정된 시간을 오늘도 소비하고 있다고 생각해 보자. 가치 있는 나를 만들기 위해 어떻게 할 것인지도 고민해 보자.

인생에서 가장 중요한 것은 어떻게 살지 정하는 일이다. 만약 '어떻게'에 대한 답을 찾지 못하면 어정쩡한 삶, 우유부단하고 방향 없는 삶을 살게 된다. 하지만 그에 대한 답을 얻으면 파도치고 바람 불어 뒤로 밀려도, 잠잠해지면 다시 앞으로 나가게 되고 시간이 지날수록 빛나는 삶을 이룰 수 있다.

"우리는 매일 우주로부터 24시간을 배급받고 있다.
일정한 시간이 지나면
더 이상 우주로부터 배급은 주어지지 않는다."

긍정적인
상상력

나폴레온 힐은 '종이에 목표를 쓰고, 그 목표를 이루는 모습을 머릿속에 그리고, 긍정적인 태도로 그 계획을 자주 말하라.'라고 했다. 상상력으로 좋은 계획이라는 씨앗을 만들고 그것을 잠재의식의 밭에 뿌린 후 신념이라는 물을 주면 새로운 창조가 이뤄진다는 것이다. 사람은 자신이 생각한 그대로의 사람이 된다는 말이 있다. 이 말을 뒤집어 보면 지금 내가 생각하는 것이 훗날 내 모습이고, 현재 내 모습은 과거에 내가 생각했던 것이 모여서 이뤄진 것이다. 굳이 뇌과학 이론을 거론하지 않더라도 우리가 정말 관리해야 할 것은 하루하루 나의 생각이다. 나의 생각 활동은 나를 조각하는 과정이다.

부정적으로 조각할 수도 있고, 긍정적으로 조각할 수도 있다. 그것은 조각하는 사람의 마음이다. 바로 내 마음을 어떻게 조절하고 관리하는가에 따라 나의 미래가 만들어지는 것이다.

■ 큰 바위 얼굴을 닮은 사람

미국 남북 전쟁 직후, 한 시골 마을에 살던 소년 어니스트는 어머니께 마을 앞산에 있는 사람 얼굴 형상을 한 큰 바위에 대한 전설을 들었다. 그 바위의 얼굴은 생김생김이 숭고하고 웅장하면서도 표정은 다정스러워, 마치 그 애정 속에 온 인류를 포용하고도 남을 것 같았다. 사람들은 그 바위를 '큰 바위 얼굴'이라 불렀는데 전해 내려오는 이야기에 의하면 언젠가 큰 바위 얼굴을 닮은 아이가 태어나 이 사회를 훌륭하게 이끌 것이라고 했다. 어니스트는 예언을 확인하는 날이 어서 왔으면 좋겠다는 생각을 했다. 그리고 인자하고 장엄한 형상을 한 큰 바위 얼굴을 바라보며, 자신도 어떻게 살아야 큰 바위 얼굴을 닮을지 생각하며 진실하고 겸손하게 살아갔다. 고등 교육을 받지는 못했지만 그에게는 큰 바위 얼굴이 교과서와 같았다.

세월이 흘러 큰 바위 얼굴을 닮았다는 사람이 나타나기 시작했다. 하지만 결국 그들은 큰 바위 얼굴과는 거리가 먼 사람들이었다. 어니스트는 실망했지만 언젠가 전설 속의 그 사람을 만나게 되리라는 희망을 버리지 않았다. 어느덧 어니스트의 얼굴에 주름이 깊게 패고 머리가 허옇게 서리가 내릴 즈음 훌륭한 덕을 갖춘 시인이 마을에 찾아온다. 이미 그 시인의 시를 읽었던 어니스트는 시의 내용으로 보아 그 시인이야말로 그토록 기다리던 큰 바위 얼굴의 주인공이라고 확신했다. 당시 성직자의 삶을 살아가던 어니스트는 시인을 데리고 군중 앞에 섰다. 그리고 자신의 생각을 천천히 말하기 시작했다. 그때 옆에서 그 얘기를 듣던 시인이 갑자기 소리쳤다.

"보시오! 보시오! 어니스트 씨야말로 큰 바위 얼굴과 똑같습니다."

오랜 세월 큰 바위 얼굴을 닮으려고 명상하고 바라보며 자신을 비춰 보던 어니스트가 예언의 주인공이 되어 있던 것이다.

나다니엘 호오손의 《큰 바위 얼굴》에서 주인공 어니스트는 큰 바위 얼굴을 바라보며 닮고자 노력했고 결국 큰 바위 얼굴과 하나가 되었다. 긍정적인 상상력을 바탕으로 믿음으로 바라볼 때 오랜 시간이 흐른다면 결국 그 상상은 현실이 되고 만다.

믿음은 바라는 바의 실상이라는 말이 있다. 먼저 바라는 일이 이뤄질 것을 마음으로 믿을 때, 즉 긍정적으로 상상할 때 무형 세계가 유형으로 변하여 눈앞에 다가오게 된다. 한 알의 씨앗을 땅에 뿌릴 때 훗날 수많은 열매를 맺듯이 우리는 매일 크고 좋은 상상의 씨앗을 자신의 마음 밭에 뿌려야 한다.

농부가 씨를 뿌릴 때 토지를 의심하지 않듯이 긍정의 마음으로 미리 결과를 바라봐야 한다. 공부할 때도 지금 풀리지 않는 어려운 문제라 할지라도 생각을 거듭하면 반드시 풀린다는 것을 의심치 말아야 한다. 긍정적인 생각은 긍정적인 에너지를 끌고 온다.

많은 과학적 발견은 상상력에서 나온다

상상력은 공부하는 과정에서 지식을 끌어내 새로운 영감을 심어 준다. 지식을 넘어선 직관과 영감을 믿었던 아인슈타인은 상상력을 매우 중요하게 생각했다. 그가 발견하고 예측한 많은 이론과 현상들이 그의 상상력에 기반하고 있다.

"1919년 일식이 저의 예측을 증명했을 때 저는 하나도 놀라지 않았어요. 오히려 일어나지 않았더라면 놀랐겠지요."

아인슈타인은 자신이 느끼는 그 믿음을 뭐라 설명하기 어려워했다. 하지만 상상력이 과학 연구에 있어서 매우 현실적인 요인이 된다는 것을 강조했다.

따라서 우리가 공부할 때 지식에 상상을 추가한다면 새로운 지혜를 얻을 수 있다. 평생 남의 지식을 모방만 하면서 살 것이 아니라면 상상력을 키워야 한다. 그리고 그러한 상상력을 키우는 데는 지적 호기심이 많은 도움이 된다.

아인슈타인이 다섯 살 때 병원에 입원한 적이 있는데 그때 아버지가 작은 나침반을 가져다 주셨다. 그는 나침반을 가지고 놀다가 한 가지 특이한 것을 발견했다. 나침반을 어디에 올려놓아도 붉은색 침은 항상 북쪽을 가리키는 것이었다. 당황한 아인슈타인은 '도대체 어떠한 힘이 침을 북쪽으로 향하게 하는 걸까?'라며 신기한 현상에 집중했다. 이러한 호기심을 놓치지 않은 그는 중학교에 들어가서는 현상의 배후에 숨겨진 어떤 힘의 정체에 대해 끊임없이 탐구했다. 이렇게 호기심이라는 상상력을 좇아 심도 있게 공부하면 몰입이 쉽고 예상치 못한 커다란 발견을 할 수도 있다.

실패에 대하여

나로호에 담긴 꿈과 열정

2013년 1월 30일 오후 4시 우리나라 최초 우주발사체 나로호(KSLV-1)가 성공적으로 발사됐다. 다음날 교육과학기술부와 카이스트(KAIST) 인공위성연구센터는 다음과 같이 밝혔다.

"나로 과학위성이 정해진 타원 궤도(300~1,500km)를 돌아 우리나라 인근 상공을 처음 지나는 예정 시각인 이날 오전 3시 27분 교신을 시도해 3시 28분 4초부터 43분 2초까지 14분 58초 동안 위성의 전파 비콘(Beacon, 응급신호발생기) 신호를 수신했다."

국내 지상국이 위성 신호를 받았다는 것은 위성이 목표 궤도에 진입하여 정상적으로 작동되고 있음을 의미했다. 이로써 우리나라는 세계 11번째 '우주 클럽' 회원국으로 공인받았다.

2002년부터 개발하기 시작한 나로호는 2009년 8월과 2010년 6월 두 차례 발사됐으나 모두 궤도에 진입하지 못하고 실패했다. 1차 발사 때는 위성 보호덮개인 페어링 한쪽이 분리되지 않아 로켓이 정상 궤도를 벗어났다. 2차 발사는 1단 추진 시스템 이상 작동이나 2단 비행 종단 시스템 오작동이 실패 원인으로 추정됐다.

1차 발사를 앞두고는 발사가 7차례나 연기되었다. 2차 발사 때는 발사 3시간여를 앞두고 소화 장치가 오작동해 발사가 미뤄지기도 했다.

나로호 프로젝트의 성공은 2002년 8월 개발 계획을 세운 지 10년 5개월여 만이다. 두 번의 발사 실패, 여러 차례의 발사 연기 등 어렵고 힘들었던 과정을 통해 얻은 값진 성과였다. 선진국에 비해 인력과 예산이 부족한 상황에서, 많은 실패 속에서도 좌절하지 않고 우주를 향한 꿈을 실현시키기 위해 집념을 불태운 과학자들의 공이 크다. 돌이켜 보면 나로호 발사가 성공하기까지 무수한 실패의 연속이었다. 수많은 실수와 오류를 찾아서 보완하고 수정했다. 완벽한 준비가 끝날 때까지 우주는 하늘 문을 열어 주지 않았다.

하지만 하늘이 주는 이 시련을 부족함을 채우는 역량 강화의 시간으로 알고 우주를 향한 꿈을 포기하지 않고 밤낮없이 연구하여 하늘이 정한 기준을 통과했을 때, 하늘은 어김없이 하늘문을 허락하며 그동안의 노고를 치하해 주었다.

▌ 실패에는 성공 씨앗이……

에디슨은 "시도했던 모든 것이 물거품이 되었어도 또 하나의 전진이기에 나는 용기를 잃지 않는다."라고 했다. 나로호 프로젝트에 참여했던 사람들이 애초에 10년 이상 시간이 걸리고 중간에 여러 차례 실패할 것을 예상하진 못했을 것이다. 생각했던 것보다 일은 더디고 수많은 실수와 실패가 이어졌다. 포기하는 것이 더 낫겠다는 말도 들었다. 하지만 실패와 마주했을 때 그들은 어떻게 반응했는가? 좀 더 세심하게 점검해서 사소한 실수도 허용해서는 안된다는 것을 깨닫고 '완벽함'을 추구했다. 무슨 일이든 작은 실수가 일 전체를 무너뜨리는 경우가 허다하다. 따라서 역설적이지만 실패는 좋은 일이다. 실패는 완벽에서 얼마나 멀리 떨어져 있는지 알게 해주는 값진 경험이다.

모든 실패는 똑같은 정도 혹은 그 이상의 성공 씨앗이 담겨 있다. 실패는 무엇이 부족하고 뭘 고쳐야 하는지 정확하게 알게 해주는 거울과 같다. 누구나 성공을 바라지만 성공을 위해서는 그것을 바라는 만큼의 실패도 경험해야 한다는 것을 우리는 잊을 때가 있다. 그래서 실패를 하면 좌절하거나 포기하고 절망에 빠지기도 한다.

하지만 나로호의 경험에서 보듯 성공을 원한다면 그만큼 '완벽함'을 추구해야 한다. 만약 완벽함을 추구하지 않거나 성공기준에서 미달되었을 경우 자연(自然)은 실패를 경험하게 함으로써 그를 단련시키고 훈련시킨다. 따라서 매사에 '완전함'을 추구하는 것이 실패를 줄이는 지름길이라 할 수 있다.

조앤 롤링은 하버드 대학 졸업식 축사에서 말했다.

"삶이란 무엇을 얻고 성취하는 것이 전부가 아니라는 사실을 깨달아야 행복할 수 있다고 말할 수 있습니다. 삶은 힘들고 복잡하고 우리 뜻대로 되지 않습니다. 이 사실을 알고 겸허히 받아들이면 그 어떤 고난도 이겨낼 수 있습니다."

일이든 공부든 뜻하는 대로 쉽게 이루는 사람은 아무도 없다. 성공으로 가는 길목 곳곳에 크고 작은 실수와 실패가 기다리고 있다. 이것들은 나를 돌아보게 하고 부족한 점을 발견하고 고쳐 나가도록 이끌어 주는 좋은 약이 될 수 있음을 알고 긍정적으로 바라본다면 다음 단계의 문으로 우리를 안내해 줄 것이다.

혼자만의
시간

　'몰입'은 분산된 관심과 에너지를 모아 한곳에 집중하는 것이다. 높은 몰입도를 유지하려면 다른 일에 방해받지 않는 연속된 시간을 확보해야 한다. 학습 몰입도를 올리려면 30분 내지 1시간을 견뎌야 한다. 따라서 집중을 유지하기 위해서는 다른 사람과 접촉하거나 주의를 분산시키는 환경으로부터 멀리 떨어져 자신만의 시간을 의도적으로 확보해야 한다.

　혼자만의 시간을 가지면 생각해야 할 대상과 주제에 대해 명확하고 분명하게 집중할 수 있다. 요즘은 인터넷과 대중 매체의 발달로 혼자서 가만히 있을 수 있는 시간이 많지 않다. 집중할 수 있는 시간이 익숙하지 않은 학생들은 조용한 시간을 오히려 못 견딘다. 공부란 원래 고독한 마음으로 하는 것이다. 나 홀로 문제와 마주 서서 씨름하듯 이리저리 궁리하여 어렵게 승리의 한판승을 거두듯, 해결책을 찾고 스스로 기뻐 날뛰는 그것이 몰입의 과정이다.

▌ 홀로 생각하는 힘

마이크로소프트(MS)의 창업자 빌 게이츠는 CEO로 왕성한 활동 중에도 꼬박꼬박 '생각 주간(think week)'을 가졌다고 한다. 빌 게이츠는 일 년에 두 번씩 미국 서북부 지역의 작은 별장에 홀로 일주일간 칩거하며 마이크로소프트의 장래, 더 나아가 디지털 세계의 향방을 결정할 아이디어와 전략을 창출하는 '생각 주간'을 가졌다. 이 기간에 혼자만의 시간을 갖기 위해 하루 2번 음식을 배달하는 관리인을 제외하고는 그 누구와도 연락을 하지 않았다는 이야기는 유명하다.

사실 빌 게이츠는 이 기간에 먹고 자는 것 외에는 모두 독서와 사색으로 보냈다. 직원들이 작성한 보고서를 읽고 이에 관한 생각을 정리해 관련자들에게 필요한 사항을 이메일로 알리고 지시하기도 했다. 생각에 몰입하고 열중하는 시간을 의도적으로 설정함으로써 그는 세상을 바꿔 나가는 새로운 전략을 창조해냈다.

1995년 당시 독보적 위치였던 넷스케이프를 무너뜨리고 마이크로소프트의 익스플로러를 탄생시킨 것도 〈인터넷의 조류 (The Internet Tidal Wave)〉라는 보고서를 읽고 결단을 내린 결과였는데, 이 역시 생각 주간의 산물이었다.

분석 심리학의 개척자 칼 구스타프 융은 온전히 연구에만 몰입하기 힘든 상황이었다. 그는 연구 활동에 몰입하기 위해 호숫가의 작은 마을 볼링겐에 집필실이 딸린 집을 지었다. 한편 그는 환자를 보며 생활비를 벌고, 대학에서 강의도 해야 했다. 한적한 볼링겐과 번화한 취리히를 오가며 연구 활동을 계속했다. 볼링겐 집필실은 그만 들어갈 수 있을 만큼 작았는데, 그는 그곳에서 분석 심리학의 기틀을 쌓는 논문을 썼다. 그곳은 프로이트와 차별화하는 융 정신 분석학의 산실이 됐다.

《오리지널스》와 《기브 앤 테이크》로 유명한 와튼 스쿨의 애덤 그랜트 교수는 강의를 한 학기에 몰아넣고, 다른 학기에는 연구에 매진한다. 연구 학기에도 한 주를 기준으로 며칠간은 연구실을 개방하고 다른 며칠간은 수도승처럼 전적으로 접촉을 피한다. 사나흘쯤 작업에 몰두해야 하면 이메일을 보낸 사람이 기다리지 않도록 '자리 비움'으로 자동 답신을 설정한다. 물론 이렇게 하면 다른 사람들이 혼란스러워하지만 방해받지 않는 집중의 중요성을 알기에 이러한 혼자만의 집중 상태를 엄격하게 유지한다.

이들이 공통적으로 추구한 것은 방해받지 않고 최고의 집중력을 발휘할 수 있는 환경, 즉 몰입할 수 있는 환경을 조성하는 것이었다. 오랜 시간 집중해서 일할 수 있을 때 탁월한 결과물이 나온다. 하지만 수시로 주의를 빼앗겨 집중과 몰입을 방해받는 환경에서는 질량이 큰 문제나 작업을 건성으로 처리하게 된다. 당연히 문제를 해결하기 어렵고 양질의 결과물도 만들기 힘들다.

따라서 지능의 격차가 인생의 격차를 만드는 것이 아니라 생각의 격차가 인생의 격차를 만들어 냄을 알 수 있다. 무엇보다 오랫동안 깊게 생각할 수 있는 능력을 길러야 한다.

오랫동안 깊은 생각을 유지하려면 몰입할 수 있는 환경을 스스로 만들어야 한다. 다산 정약용이 유배지에서 수백 권의 저서를 집필할 수 있었던 이유에는 의도하지는 않았지만 몰입할 수 있도록 환경이 조성된 덕분도 있다.

우리가 사용하는 많은 시간들이 남에게 방해를 받고 중요하지 않은 일들로 소모된다면 얻고자 하는 것들을 얻어 내기는 참으로 힘들 것이다. 그러므로 공부할 때는 잠시 휴대 전화를 꺼 두고 인터넷도 멀리하자. 휴대 전화의 문자는 길을 가다가 호랑이를 만난 정도로 집중력을 분산시킨다고 한다. 그러니 일단 문제와 나를 제외한 다른 것들은 잠시 멀리하고 공부 자체에만 집중해 보자. 혼자만의 공부 시간이 늘어나면서 점차 집중되는 시간도 늘어나고, 나중에는 오히려 그 시간이 편해질 것이다. 그리고 자꾸 울리는 휴대 전화가 싫어서 아예 꺼 두는 시간이 늘어날 것이다.

하버드 대학 교육대학원의 연구 결과에 따르면 공부 잘하는 학생은 좋은 습관을 가지고 있는데, 어떤 순간이 되면 휴대 전화의 전원을 끄고 매일 두 시간은 자기만의 공부를 한다고 한다. 이렇게 공부를 하다 보면 자신만의 공부법을 깨닫게 된다. 공부는 홀로 하는 시간이 꼭 필요하다.

"공부는 혼자만의 시간이 필요하다.
혼자 있는 시간을 두려워하거나 지겨워하면
깊은 공부를 할 수 없다."

과정
즐기기

후쿠이 겐이치(1918~1998)는 일본 최초로 노벨 화학상을 수상한 저명한 생리화학자다. 그가 근무했던 교토 대학 근처에는 2km 남짓한 '철학의 길(哲学の道)'이라는 유명한 거리가 있는데, 교토의 철학자였던 니시다 기타로가 이 거리를 자주 사색하며 걸었다고 해서 지어진 이름이다. 1981년 노벨 화학상을 받은 겐이치 교수는 얼마나 이 길에 푹 빠졌는지 심지어 수상 비결을 "아침에 일어나 철학의 길로 이어지는 경사진 산책길을 걸으며 생각을 정리한 것"이라고 이야기했다. 깊은 생각과 몰입이 학문적 성취로 이어진 것이다.

하지만 그런 그도 어린 시절 우등생은 아니었다. 집안의 외동 아들로 부모님의 큰 기대를 받으며 학교에 입학했지만 막상 성적은 별로 좋지 않았다.

어느 날 학교를 마치고 집에 온 겐이치는 아버지에게 고개를 푹 숙이며 작은 목소리로 말했다

"아빠, 오늘 화학 시험 성적이 나왔어요."

"그래, 어떻게 됐지?"

아빠의 눈치를 살피다 겐이치는 조심스럽게 입을 열었다.

"아빠, 공부를 못하겠어요."

아들의 얘기에 아빠는 깜짝 놀라서 물었다.

"후쿠이, 그럼 공부를 포기하겠다는 거니? 아니면 뭔가를 해내고 싶은 마음이 없는 거니?"

"아빠, 전 공부가 안 맞는 것 같아요. 공부 스타일이 아닌 것 같아요."

"후쿠이, 네가 앞으로 뭘 하든 공부는 계속 해야 한다. 공부는 가장 기본이 되는 것이다."

아빠는 아들에게 간곡하게 말했다.

"무슨 일을 하든 움츠러들어선 안 돼. 용감하게 부딪혀야 그것을 극복하고 넘어설 수 있는 법이야. 후쿠이, 기억하렴. 이 세상에 못 오를 산은 없고, 갈 수 없는 길은 없단다."

아빠의 간곡한 말에 후쿠이 겐이치는 마음을 움직였다.

'그래, 지금 포기해서는 안 돼.'

"알겠어요, 아빠. 제가 방금 한 말은 취소할게요. 더 열심히 노력해 볼게요."

겐이치는 다시 마음을 다잡았다.

아빠와 대화가 끝나고 후쿠이 겐이치는 한 가지 공부 계획을 세웠다. 평소에 남는 자투리 시간을 활용하여 시간을 합리적으로 쓰는 것이었다. 그렇게 한다면 더 많은 공부를 할 수 있겠다는 생각이 들었다.

우선 아침에 일찍 일어나면 교과서를 보았다. 수업 끝나고 쉬는 시간에는 모르는 문제를 찾아서 선생님께 도움을 요청했다. 잠자리에 들기 전에는 그날 배운 내용을 한 번씩 복습했다. 그런데 이렇게 열심히 공부했지만 안타깝게도 또 불합격이었다. 하지만 한 번에 정상에 설 수는 없다는 것을 알고 있었으므로 결코 실망하지 않았다. 그래서 친구들과의 만남도 줄이고 매일 도서관에 가서 열심히 공부했다. 점점 공부 자체가 재밌어졌다. 그리고 혼자서 공부하는 시간이 가장 즐거운 시간이 되었다. 드디어 3개월이 지나자 성적이 급격히 상승했다. 더군다나 그 다음 학기에는 학교 대표가 되어 화학 경시대회도 참여하게 되었다.

후쿠이 겐이치가 성적이 안 좋았을 때 포기했다면 훗날 노벨상을 받을 수 없었을 것이다. 아버지의 조언을 받아들여 마음을 바꾸고, 꾸준히 공부하며 조금씩 나아지는 자신의 모습을 보면서 한 계단씩 꾸준히 나아간 것이 큰 힘이 되었다. 결과보다 과정을 바라보며 앞으로 나아가야 한다.

▪ 결과보다 과정을 즐기는 공부

보통 시험 공부라고 하면 참고서와 문제집을 연상한다. 문제를 많이 풀어야 좋은 점수를 얻을 수 있기 때문에 학원에서도 문제를 많이 풀어 보라고 몇백 문제씩 시험을 내주곤 한다. 하지만 이런 방식은 해야 할 분량이 너무 많기 때문에 금방 싫증이 나고 금세 의욕이 꺾인다.

공부에 있어서 결과만큼이나 과정이 중요하다는 걸 알면서도 잊을 때가 많다. 만점이나 좋은 성적을 목적에 두지 말고 공부 자체를 즐길 수 있는 마음의 여유가 필요하다. 몰입은 과정을 즐기는 가운데 자연스럽게 이뤄진다.

문제를 풀 때도 정답을 맞혔는가 틀렸는가를 확인하는 작업보다 문제를 푸는 과정에서 부딪히는 어려움을 해결해 나가는 시간으로 집중하다 보면 자연스럽게 실력도 향상될 것이다. 과정을 즐기는 공부가 되기 위해서는 학습량을 너무 많이 부과하거나 무리해서 목표를 세우면 안 된다. 할 수 있는 분량보다 약간 무거운 정도, 한 번 시도해 봐도 괜찮겠다 싶은 정도를 준비하는 것이 좋다.

최상의
컨디션

몰입을 하기 위해서는 최상의 컨디션을 유지해야 한다. 몸이 아프거나 머리가 맑지 않으면 집중을 할 수 없다. 몰입은 고도의 집중을 요구하므로 몸 상태에 의해 집중의 질이 좌우된다. 물론 고도의 경지에 이른 이들은 육체의 한계를 뛰어넘어 완전한 몰입 상태로 들어간 경우가 있다. 역사에 남은 위인이나 철인들이 그러한 발자국을 남기기는 했으나, 여기서는 공부와 관련된 현실적인 몰입에 국한하여 생각해 보자.

몸을 최상의 컨디션으로 유지하기 위해서는 운동과 수면이 숭요하나. 득이 수면은 면역력을 증진시기고 피로를 풀어 주어

건강에 많은 도움이 된다. 그 외에도 수면은 뇌 기능을 활성화 시키고 기억력과 판단력, 집중력을 향상시키는 순기능을 가지고 있다. 또한 수면 중에도 뇌는 쉬지 않고 활동을 하고 있는데, 낮에 집중해서 반복적으로 생각했던 부분들을 기억하고, 연구하며, 뭔가 해답을 찾기 위해 노력한다.

▌깨어 있는 시간에 집중해서 공부하기

평소 암기력과 창의력, 논리적 판단력을 요하는 학습 활동을 하는 학생들에게 잠은 필수적인 요소다. 몸이 계속 움직이면 피로하듯 뇌도 밤에 잠을 통해 휴식을 취한다. 다른 점이라고 하면 뇌는 휴식 시간에도 잠을 자면서 낮 동안 학습된 정보를 기억창고에 저장한다는 것이다. 잠이 가진 이 기능을 통해, 잠을 잘 자는 아이가 집중력과 빠른 판단력 등 학습 능력이 뛰어남을 알 수 있다.

하지만 아직도 잠을 줄여 가며 공부를 강요하는 모습을 자주 볼 수 있다. 물론 고도의 몰입 상태에서는 며칠 동안 날을 새면서 집중력을 발휘하는 경우도 있다. 그렇지만 학생들의 경우 잠이 부족하면 일단 수업 시간에 집중하기가 어렵다. 잠을 줄여서 공부를 많이 하겠다는 생각은 하지 않는 것이 좋다. 부작용이 많이 생길 수 있다. 깨어 있는 시간에 최대한 집중해서 공부하는 것이 훨씬 더 효율적이다.

캘리포니아 대학의 매튜 워커 박사 연구 팀은 낮잠이 컴퓨터를 재부팅한 것처럼 뇌의 원기를 회복시켜 학습용량을 높인다는 연구 결과를 내놓았다. 수면 부족은 신체적·정서적·업무적 능률을 떨어뜨리는 것은 물론 뇌 기능에 엄청난 영향을 미친다. 3일 동안 정상적인 수면을 취하지 못해 뇌가 피로에 지쳐 있는 상태는 지능 지수가 100에서 75 정도로 떨어지는 것과 같다는 연구 결과가 있다. 기억력을 높이는 생활 습관으로 가장 기본적인 것은 피곤하면 쉬라는 것이다. 흔히 쉬는 것은 시간 낭비라고 하지만 쉬는 동안 뇌는 기억을 만든다. 뇌는 자극이 많거나 피곤할수록 정보를 잊어버리므로 짧게 여러 번 나눠 쉬는 게 좋다.

밤에 잠을 잘 자는 것이 밤에 수면을 취하지 않는 것에 비해 시험 성적을 향상시켰다는 연구 결과처럼 수면은 학습에 중요한 역할을 한다. 잠을 잘 자야 졸리지 않고 집중이 잘된다는 차원이 아니다. 잠을 자는 동안 뇌는 단기 저장고에 입력된 정보를 장기 저장고로 전송해 저장하기 때문에 잠을 자고 있는 동안 기억력이 강화된다. 뇌는 수면 중 그날 배운 중요한 것들을 스스로 반복해서 학습하는 것이다.

따라서 힘들여 암기한 내용을 장기 기억으로 저장시키기 위해서는 잠을 잘 자야 한다. 또 잠자기 전에 암기해서 기억하고 싶은 내용이 있다면, 잠들기 전에 떠올려 보는 것도 효과적이다. 더 나아가 풀리지 않는 문제나 과제에 대해 계속 생각하다가 잠이 든다면 잠자는 중에도 뇌는 그 문제를 푸는 데 집중하게 된다. 어느 날 불현듯 문제에 대한 깨달음을 얻는 체험을 하기도 하는데, 이런 경험들은 수면 중에 문제를 해결했던 것을 나중에 기억해 내거나, 수면 시간을 포함하여 오랫동안 생각했던 결과로 주어지는 것이다.

하루 서너 시간의 수면 시간을 감수하고 치열하게 공부하는 것보다 일정한 수면 리듬을 유지하며, 충분한 수면 시간을 확보하는 것이 더 현명한 공부 방법이다.

▪ 적당한 운동

최상의 컨디션을 위해 수면과 함께 중요한 영향을 미치는 것이 '운동'이다. 두뇌 발달은 뇌와 몸이 하나라는 점에서 출발한다고 봤을 때 운동은 몸을 좋게 하는 것뿐 아니라 뇌 기능도 향상시킨다. 정신과 의사가 우울증 환자에게 치료 방법으로 정기적인 운동을 권하는 것도 이 같은 이유이다. 호흡을 깊게 하는 것, 자세를 바르게 하는 것과 같은 기본적인 생활 습관 또한 머리를 좋게 만들 수 있다.

운동과 학습에 관한 연구 결과를 좀 더 자세히 들여다보자. 쳇바퀴를 돌리며 자발적으로 운동하는 생쥐와 틀 안에 갇혀 거의 운동하지 않는 생쥐를 비교해 보았다. 한 달이 지난 뒤 기억력과 행동을 비교해 보니 확연히 차이가 났다. 물이 차 있는 미로를 반복해 지나는 실험에서 운동한 생쥐는 빠르게 헤엄치며 기억한 목표를 찾아가지만 운동을 안 한 쥐는 주저하며 길을 찾지 못했다. 운동한 생쥐는 평균 70초 만에 통과한 반면 운동 안한 쥐는 평균 110초나 걸렸다.

연구진이 운동한 생쥐와 안 한 생쥐의 뇌를 비교 분석한 결과 기억과 학습 능력을 담당하는 해마 부위에서 뚜렷한 차이가 확인됐다. 운동한 생쥐의 해마 부위 뇌신경 줄기세포 분화가 30%가량 더 활발해 기억력과 학습 속도가 앞선 것으로 분석됐다. 연구진은 운동을 하면 뇌로 가는 혈액이 늘고 혈액 속에 있는 많은 성장 인자가 뇌신경 줄기세포의 분화를 촉진시키는 것으로 판단했다.

따라서 뇌에는 운동과 학습이 모두 필요하다. 적당한 운동은 뇌를 활성화하고 몰입의 강약을 조절하여 몸과 마음의 균형을 유지한다. 무조건 강한 몰입이 좋은 것은 아니다. 강한 몰입과 약한 몰입이 균형을 이루어야 지치지 않고 몰입을 지속할 수 있는 것이다. 그렇게 해야 자기 조절 능력이 생기고 자기주도학습을 해 나갈 수 있다.

생활을
단순화하라

성공한 사람들의 일상은 어떨까? 아마 매우 바쁜 일상을 보내고 있을 것이다. 하지만 특징이 있다. 일상이 매우 단순하고 규칙적이라는 것이다. 백수가 더 바쁘고 할 일이 많다는 말이 있는데, 실제로도 그런 경우가 많다. 생활이 바쁘다는 것은 뭔가 하나에 집중하지 못할 가능성이 높기 때문이다. 몰입은 생각을 집중하는 일이기 때문에 만약 이리저리 다니고 작업을 이 것저것 계속한다면 집중하기가 상당히 어려울 것이다.

철학자 칸트는 어릴 때부터 허약체질이었지만 규칙적인 생활과 건강 관리로 강의 · 연구 · 저술 활동을 별 어려움 없이 이어갈 수 있었다. 그가 하루도 어김없이 정해진 시각에 산책했기 때문에, 쾨니히스베르크 시민들이 산책하는 칸트를 보고 시계의 시각을 맞췄다는 이야기와 칸트가 루소의 《에밀》을 읽느라 단 한 번 산책 시간을 어겼다는 이야기는 유명하다.

칸트는 57살 때부터 그동안 생각했던 철학적 성찰의 결과물을 쏟아 내기 시작했다. 당연히 그것들은 그가 매일 정해진 시간에 산책하면서 생각했던 몰입의 산물이었다.

스티브 잡스는 제품 개발에서 직관에 의한 통찰을 가장 중요한 요소 가운데 하나로 여겼다. 그는 〈비즈니스 위크〉와의 인터뷰에서 이렇게 말했다.

"내 만트라 가운데 하나는 집중과 단순함입니다. 단순함은 복잡한 것보다 어렵습니다. 생각을 명확하고 단순하게 하려면 더 많은 노력이 필요합니다. 하지만 그럴 만한 가치는 충분합니다. 일단 생각을 명확하고 단순하게 만들 수 있는 단계에 도달하면 당신은 산도 옮길 수 있을 테니까요."

몰입을 하려는 사람은 생활을 복잡하게 만들지 않고 대단히 규칙적인 생활을 한다. 단순해야 깊이 들어갈 수 있다.

공부할 때도 마찬가지다. 여러 가지 교재를 본다거나, 학원, 인강, 과외 등 배우는 시간을 너무 많이 가져 자기만의 정리 시간을 가질 수가 없다거나, 심지어 한 과목에 여러 학원을 다닌다든가 하는 방법은 집중을 방해할 뿐만 아니라 공부에 대한 흥미도 떨어뜨려 장기적으로 학습에 대한 거부감까지 불러일으킬 수 있다.

교재는 교과서와 참고서 한두 권 정도면 충분하다. 그 외 추가 자료나 보충 내용은 책과 참고서에 옮겨 적으면 된다. 일부 상위권 학생들이 한 권의 책에 모든 내용을 옮겨 적어 공부하는 '단권화' 방법을 실천하는 경우를 보는데, 공부 몰입도를 올리고 집중력을 길러 주는 좋은 방법이라고 할 수 있다.

공부법보다 더 중요한 것은 마음가짐이다. 공부를 제대로 하려면 주변을 정리하고 생활을 단순화해 집중과 몰입을 해야 한다. 톨스토이는 말했다.

"참으로 중요한 일에 종사하고 있는 사람은 그 생활이 단순하다. 그는 쓸데없는 일에 마음을 쓸 겨를이 없기 때문이다."

생활이 단순하려면 중요한 일 위주로 살아가면 된다. 목표를 분명히 하고 이를 달성하기 위해 적당한 계획을 세워 실천해야 한다. 그리고 목표와 관련되지 않은 일들은 멀리하면 된다.

마음의 분산은 집중을 방해한다. ● ● ●

생활을 단순화하기 위해 내가 노력해야 할 것은?

1

2

3

4

5

6

7

8

주변 정리를 해서 생활을 단순화해야 몰입에 들어갈 수 있다.

용감하게
나아가라

공부는 넓고 넓은 지식의 바다를 헤엄쳐 먹이를 찾는 일과 같다. 그러므로 공부하는 사람은 무엇보다 용감해야 한다. 어떤 좌절이 있더라도 지식의 바다에서는 불굴의 정신을 가지고 앞을 바라보고 가야만 한다. 진정 강한 자는 남을 이기는 자가 아니라 자신을 이기는 자다.

영국 물리학자로 현대 핵물리학의 아버지인 러더퍼드는 자신도 노벨상을 받았지만 노벨상 수상자를 가장 많이 배출한 인물이다. 학생들은 그에게 '악어'라는 별명을 지어 주었는데 목표를 향해 용감하게 나아가는 그의 정신이 잘 드러나 있다. 그렇지 않았다면 그가 초등학교부터 대학교까지 장학금을 받으며 학교를 다닐 수 없었을 것이다.

러더퍼드는 넬슨 학교를 다닐 때 자연 과학 박사인 존 교감과 학교 주위를 산책하면서 여러 가지 과학 문제에 대해서 토론을 하고 심지어 어떤 때는 쓰레기통 위에서 문제를 풀기도 했다. 그의 자연 과학에 대한 열정과 몰입은 자신과 주변 문제에 대한 모든 걸 잊게 했다. 아무리 시끄러운 곳에 있더라도 마치 고요한 산 속에 있는 것처럼 공부했다. 정신을 집중해서 문제를 풀고 있을 때는 다른 사람이 와서 책으로 자기 머리를 친다고 해도 상관없다고 여길 정도였다.

이런 그의 공부 경험은 그에게 목표를 정하고 용감하게 나아가는 정신을 훈련시켰다. 그는 악어처럼 용감하고 재빠르게 전진해서 배워야 할 것들을 습득했고 학업과 과학 연구에서 정상의 자리에 올랐다.

러더퍼드는 위대한 학자였지만 동시에 위대한 지도자였다. 그는 자신의 제자들을 자기가 공부했던 방법대로 이끌었다. 덕분에 그의 실험실에 함께한 조수와 제자들 가운데서 노벨상 수상자가 10명이나 배출되었다. 그 덕분에 러더퍼드의 실험실은 '노벨상 수상자를 양성하는 유치원'이라는 별명을 얻었다. 러더퍼드는 자신의 공부 방법인 집중과 몰입, 그리고 목표를 향해 전진하는 악어 정신을 학생들에게 전수해 주었다.

어느 날 그는 조수와 함께 실험을 하고 있었다. 그런데 조수가 노트를 가지고 오지 않아 아무 종이나 집어서 눈금을 기록했다. 그것을 본 러더퍼드는 종이를 빼앗으며 단호하게 말했다.

"측정 결과는 아무 종이에나 막 적어서는 안 된다고 여러 번 말했는데, 어떻게 그걸 잊을 수 있나?"

조수는 조심스럽게 말했다.

"그럼, 어디에 적을까요?"

"자네 옷소매에 적어 두게. 그러면 절대 잊지 않겠지."

이렇게 러더퍼드는 항상 엄격하고 신중하게 공부와 실험에 임했다. 언제 어떤 내용이 생각날지 모르기 때문에 항상 정확하게 메모할 준비를 하고 있어야 한다. 공부는 항상 엄격한 태도로 임해야 집중과 몰입을 잘 할 수 있다.

시끄러워서 공부를 못하겠다고 하는 학생이 있는데, 주변 환경이 나를 도와주지 않더라도 얼마든지 몰입할 수 있어야 한다. 세상에서 내가 공부를 잘하고 몰입을 할 수 있도록 도와주는 상황과 환경을 만나기는 쉽지 않다. 상황이 나를 돕지 않더라도 상황에 대한 나의 태도를 통해 얼마든지 공부에 몰입할 수 있다. 하지만 말처럼 쉬운 일은 물론 아니다. 훈련이 필요하다. 솟구치는 물속에서 멈추지 않고 앞으로 나가는 악어처럼 장애물을 헤쳐 나가는 꺾이지 않는 의지도 있어야 한다. 주변 상황에 쉽게 이리저리 흔들리고 친구의 유혹에 넘어간다면 몰입의 문턱을 영원히 넘을 수 없다.

사실 공부를 하면서 어려운 문제나 접하지 못한 새로운 내용을 만나면 약해지기 마련이다. 어떤 학생들은 모르는 내용이라거나 아직 안 배웠다며 회피하기도 한다. 하지만 인생을 살면서 배운 내용보다는 안 배운 내용과 마주할 기회가 훨씬 더 많다. 그때마다 아직 안 배워서 모른다고 회피할 것인가? 그럴 때일수록 용감하게 나서야 한다. 자신의 지적 능력을 키울 기회가 왔음을 반갑게 생각하면서.

공부는 어려움을 극복하는 과정이다. 모르는 것이 있으면 다른 책이나 참고서를 참고하고 선생님께도 질문을 하면서 해답을 찾아야 한다. 능동적이고 적극적인 학습은 자신감과 어려움을 겁내지 않는 마음에서 비롯된다.

"인생은 끊임없는 장애물 경주와 같다."

Chapter Summary

몰입으로 가는 길

❶ 목표는 몰입으로 인도하여 공부의 즐거움을 선사하지만, 목표가 없으면 쉽게 좌절하고 방향을 잃게 된다.

❷ 죽음을 의식한 삶과 그렇지 않은 삶은 전혀 다른 삶이다. 죽음을 의식하면 매순간 깨어 있고 본질을 볼 수 있게 된다.

❸ 농부가 씨를 뿌릴 때 토지를 의심하지 않듯이 긍정의 마음으로 미리 결과를 바라봐야 한다. 긍정적인 생각은 긍정적인 에너지를 끌고 온다.

❹ 큰 성공에는 많은 시간과 인내가 필요하다. 아무리 공부를 잘하고 싶어도 책을 보고 생각하는 고통의 시간을 감내하지 못한다면 한낱 허망한 바람에 불과할 것이다.

❺ 공부 잘하는 학생은 좋은 습관을 가지고 있는데, 자기만의 공부 시간을 꼭 갖는다는 것이다. 공부는 홀로 하는 시간이 꼭 필요하다.

❻ 과정을 즐기는 공부가 되기 위해서는 학습량을 너무 많이 부과하거나 무리해서 목표를 세우면 안 된다. 할 수 있는 분량보다 약간 무거운 정도, 한 번 시도해 봐도 괜찮겠다 싶은 정도를 준비하는 것이 좋다.

❼ 수면 부족은 신체적·정서적·업무적 능률을 떨어뜨리는 것은 물론 뇌 기능에 엄청난 영향을 미친다. 뇌에는 운동과 학습이 모두 필요하다. 적당한 운동은 뇌를 활성화하고 몰입의 강약을 조절하여 몸과 마음 의 균형을 유지한다.

❽ 공부를 제대로 하려면 주변을 정리하고 생활을 단순화하고 집중과 몰 입을 해야 한다. 참으로 중요한 일에 종사하고 있는 사람은 그 생활이 단순하다. 그는 쓸데없는 일에 마음을 쓸 겨를이 없기 때문이다.

❾ 내가 공부를 잘하고 몰입을 할 수 있도록 도와주는 상황과 환경을 만나기는 쉽지 않다. 상황이 나를 돕지 않더라도 상황에 대한 나의 태도를 통해 얼마든지 공부에 몰입할 수 있다. 주변 상황에 쉽게 이 리저리 흔들리고 친구의 유혹에 넘어간다면 몰입의 문턱을 영원히 넘 을 수 없다.

PART 04

몰입
공부법

10대를 위한 몰입 공부법 ● ● ●

공부를
하는
이유

영국 세균학자 플레밍은 1929년 페니실린을 발견해서 항균을 이용한 질병 치료의 서막을 열었다. 그 공로로 1945년 노벨 생리의학상을 받았다. 그런데 플레밍이 의학에 목표를 가지게 된 것은 어렸을 때 겪은 일 때문이었다.

어느 날 그는 어머니와 함께 병원으로 친척 병문안을 가게 됐다. 친척은 뼈만 앙상하게 남은 상태로 고통 속에 힘들어 하고 있었다. 그런데 친척에게 물으니 병명을 모른다고 했다. 그래서 의사에게 물으니, 그도 정확히 대답하지 못하고 다만 이렇게 대답했다.

"애야, 이 세상에 병명을 모르는 병이 얼마나 많은지 아니? 그 많은 병명을 다 아는 사람은 없단다."

그 당시 그곳은 급속한 공업화로 환경 오염이 심각해져 각종 질병이 유행해 많은 사람이 목숨을 잃었다. 의사의 말에 플레밍은 마음속으로 다짐을 했다.

'그래, 내가 크면 꼭 의학을 공부해서 질병을 치료하고 생명을 구하는 방법을 알아내고 말 테야.'

결국 플레밍은 런던 대학의 세인트 메리 메디컬 스쿨에 입학했다. 어렸을 때 들은 의사의 얘기를 가슴에 간직한 플레밍은 질병을 유발하는 세균에 대해 연구하기로 마음먹었다. 열심히 공부한 덕에 졸업식에서 금상을 받았다. 그리고 1년 후 영국 왕립외과학회 회원이 되었다.

동기는 무슨 일을 이루는 데 원동력이 된다. 동기는 공부를 해 나가는 힘을 제공하고, 공부를 하면 동기가 생성된다. 학습과 동기는 서로를 도와주면서 앞으로 나아가게 한다. 동기가 없으면 공부가 싫증나고 힘들게 느껴지고, 조금만 힘들어도 포기하고 싶은 마음이 든다. 하지만 동기가 분명한 사람은 어려운 일이 닥쳐도 회피하지 않고, 힘들다고 해서 포기하지 않는다. 따라서 학습 동기가 분명할수록 지치지 않고 공부에 몰입할 수 있다.

학생들에게 공부를 하는 이유에 대해 물으면 여러 가지 답이 나온다.

'좋은 직업을 갖기 위해'

'부모님께 효도하려고'

'대학에 진학하기 위해서'

'다른 사람에게 떳떳해지기 위해'

'꿈을 이루기 위해서'

물론 정답은 없다. 하지만 답을 생각하기 위해 얼마나 고민했는지는 묻고 싶다. 하루 종일 공부로 시간을 보내는 게 우리나라 학생들의 일과다. 전 세계에서 아마도 가장 많은 시간을 공부에 투자하고 있을 것이다. 그렇다면 왜 그렇게 많은 시간을 공부에 쏟아부어야만 할까?

무언가를 하루 종일 하는데 그 일을 왜 해야 하는지 스스로 납득할 만한 이유를 제시하지 못한다면 그 일은 고된 노동일 뿐이다. 이유를 알고 납득하면 더 쉽게 일에 몰입할 수 있다. 자신이 어떤 일을 하는데 그 일을 해야 할 이유를 잘 모르고 열심히 하기는 힘들다. 공부도 마찬가지다. 내가 지금 공부해야 할 이유가 명확한 사람과 불명확한 사람, 이들의 공부는 집중도에 분명히 차이가 날 수밖에 없다.

공부가 힘들거나 피곤할 때 능률이 오르지 않을 때 가끔은 생각해 보자. 나는 왜 공부를 해야 하는가? 나에게 공부는 어떤 의미가 있는가?

나만의
공부 이유

나만의 이유를 적으세요.
깊이 생각하고 적다 보면
마음속에서 신념이 생기는 걸 느끼게 됩니다.

내가 공부를 해야 하는 이유

1

2

3

4

5

6

반복 학습이
정말 공부를 잘하는
지름길일까?

소위 '공부의 신'으로 불리는 공신들이 많이 얘기하는 공부 방법은 반복 학습이다. 한 번 봐서는 무슨 말인지 잘 모르고 기억도 오래가지 못하므로 반복을 해야 한다는 것이다. 여기서 가장많이 등장하는 인물이 에빙하우스다. 에빙하우스의 망각 곡선(인간의 기억은 시간 흐름의 제곱에 반비례하기 때문에 감소하는 기억을 장기기억으로 영구히 보존하기 위해서는 망각 곡선의 주기에 따라 적절한 시기에 적절한 반복을 하는 것이 중요하다는 이론)을 보면서 반복 학습의 중요성과 이유, 그중 반복 주기가 중요하다는 것을 들으면 누구나 반복을 해야겠다고 다짐한다.

에빙하우스의 망각 곡선을 몰입의 관점에서 살펴 보자.

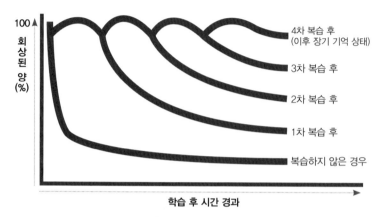

∴ 반복할수록 몰입도는 점차 올라간다.

그동안 공부를 잘 못하는 학생들을 만나면서 '왜 이 학생들이 공부를 못하게 되었을까? 어떤 계기로 공부를 못하게 되었을까?' 하는 고민을 하다 보니 간단한 결론이 났다. 초등학교 때 모르는 것이 있었는데, 알아보려 하지 않고 그냥 넘어간 사소한 이유가 쌓이고 쌓여 습관이 되어 결국 공부를 못하게 된 것이다.

즉, 공부를 잘하는 방법은 배운 내용 중에 모르는 것이 없도록 최대한 완전 학습을 하고 넘어가는 것이다. 그런데 재미있는 사실은 공부를 잘하지 못하는 학생은 배우고 나면 별로 공부할 게 없다고 하고, 잘하는 학생은 모르는 게 많아서 더 공부해야 한다고 생각한다는 점이다. 뭔가 거꾸로 된 것 같은데, 대다수 학생들을 만나 보면 거의 비슷한 반응을 보인다. 공부는 새로운 정보를 내 머릿속에 저장하고 재조합해서 내 것으로 만드는 과정이다. 한 번 듣거나 읽었다고 해서 내 것이 될 수 없다. 물론 굉장히 충격적인 사건이나 재미있는 에피소드는 평생을 가기도 한다.

뇌과학 이론에 따르면, 어떤 일을 많이 생각하지 않으면 그 일에 대해 다시 생각하고 싶지 않다는 뜻이고, 반대로 어떤 일에 대해 지속적으로 반복해서 생각하면 앞으로도 자주 생각하고 싶다고 판단한다는 것이다. 즉, 자주 들어오는 정보는 중요하게 생각해서 장기 기억으로 넘기려 하고, 그렇지 않은 정보는 중요하지 않으므로 굳이 기억하려고 애쓰지 않는다는 것이다. 생각을 많이 한 것이 오래 기억된다. 그러나 이런 이론적 지식이 아무리 옳다 하더라도 공부하는 학생 자신은 반복을 하려고 하면 지레 지겹다는 생각이 앞선다.

한 번 읽은 걸 왜 또 읽어야 하는지 정말 짜증이 나기도 한다. 반대로 공부를 잘하는 학생에게 이런 인지 심리학이나 뇌과학 이론을 얘기하면 '아, 그래서 내가 반복적으로 공부하는 게 공부에 도움이 되는 거구나!' 하면서 자신의 공부 방법에 확신을 갖게 되고, 앞으로 공부에도 참고할 것이다.

뇌는 반복해서 들어오는 정보를 기억한다.
반복은 새로운 창조의 과정이며, 지식을 나만의 것으로 만드는 과정이다.

반복은 새로운 발견의 과정이다.
반복은 저장의 과정이다.
반복 속에서 몰입이 이뤄진다.

그런데 참으로 안타깝게도 성적이 저조한 학생들에게는 이런 과학적 근거가 별로 설득력이 없다는 사실이다. '그 정도는 저도 알거든요.'라는 답을 들을 확률이 높다. 돌이켜 보면 공신들도 그런 이론을 알고 나서 반복 학습을 한 것이 아니다. 드문 경우를 제외하고는 말이다. 그러므로 많은 학생들이 그런 반응을 보인다고 해서 전혀 이상할 것도 없다.

하나의 문장이나 사실, 혹은 새로운 개념을 접할 때 거기에는 반드시 파생해서 알고 싶거나 알아야 하는 내용이 나온다. 그걸 알면 그 개념을 더 잘 이해할 수 있기 때문이다. 어떤 사건을 접했을 때도 사건의 배경을 알면 그 내용을 더 잘 이해하고 기억할 수 있는 것과 마찬가지다. 공부한 내용을 반복해서 보면 생각이 정밀해지면서 세세한 부분까지 파고들게 된다. 파고들수록 부수적으로 알아야 하는 내용과 이해되지 않았던 부분들이 정리된다.

사실 뇌는 반복을 싫어하고 새로운 걸 좋아한다고 한다. 그럼 반복 학습은 뇌의 속성을 거스르는 것일까? 그렇지 않다. 반복하는 과정에서 새로운 것들을 발견할 수 있기 때문이다. 두 번, 세 번 반복하면서 새로운 것을 발견하고 만나게 되므로 사실은 뇌의 속성을 잘 활용하고 있는 셈이다. 뇌는 새로운 걸 경험하기를 좋아하니까 말이다. 공신들은 경험을 통해서 반복하면 새로운 내용을 발견하게 된다는 것을 아는 것이다.

그러므로 수업을 듣고 나면 스스로에게 물어보자.

'오늘 배운 것 다 알고 있나?'

'안다면 다른 사람에게 설명할 수 있을까?'

아니라는 답이 나오면 다시 들여다보자. 무엇을 모르고 있는지, 어느 정도 이해하고 있는지. 반복은 깨달음으로 인도하는 지름길이 틀림없다.

● 공부란 무엇일까?

모르는 것을 아는 것으로 바꾸는 작업이 공부다.

● 아는 것이란 무엇일까?

다른 사람에게 설명할 수 있어야 아는 것이다.

● 그러면 질문하겠습니다.

오늘 수업 시간에 공부한 내용을 알겠나요?

오늘 수업 시간에 공부한 내용을 남에게 설명할 수 있나요?

수업과
몰입

최상위권 학생들에게 공부 비결을 물었더니 복습과 예습, 수업 시간의 집중력을 예로 들었다. 그런데 이건 대한민국의 모든 학생들과 부모들이 다 아는 내용이다. 공부 비결이란 게 다 알려져서 비밀이랄 것도 없다.

돈 하나 들이지 않아도 공부 잘하는 방법이 다 공개되어 있다. 하지만 공부를 잘하는 학생보다는 못하는 학생이 훨씬 더 많다. 또 어떤 사람은 '뭐 다른 특별한 비결이 없을까?' 하면서 다른 비법을 찾기도 한다. 반복과 복습에 대해서는 앞에서 다뤘으므로 여기서는 수업 시간에 대해 생각해 보자.

학생이 가장 많은 시간을 보내는 곳은 학교다. 그리고 공부와 관련해서 가장 많은 시간을 보내는 때는 수업 시간이다. 즉, 수업 시간에 얼마나 공부를 완성했는지에 따라 학업 성취도가 크게 좌우된다고 할 수 있다. 수업 시간은 아무도 나의 공부를 방해하지 않기 때문에 가장 공부하기 좋은 최적의 시간이다. 잘만 활용하면 투입한 시간 대비 가장 큰 효과를 거둘 수 있는 시간이기도 하다.

하지만 학생들을 만나 보면 수업 시간에 집중하지 못하는 학생들이 너무 많은 것 같아 안타깝다. 공부는 수업이 끝나고 따로 하는 게 아니다. 내 공부 시간에 효과적으로 공부하기 위해서는 수업 시간에 공부한 것들이 많아야 한다.

'수업 따로 공부 따로'는 공부 몰입을 방해하는 대표적인 사례다. 수업 시간에 머리를 풀가동하여 공부에 대한 몰입도를 올려야 한다. 그래야 복습하기 쉬워진다. 수업 시간에 집중하지 못하면 복습할 때 수업에서 배운 내용이 어렵고 이해되지 않아서 그다음부터는 복습도 힘들어서 회피하게 된다. 자연스럽게 그다음 수업 시간에도 집중하지 못한다. 이렇게 반복되다 보면 자연히 무기력한 모습으로 변해가는 자신을 발견할 것이다.

수업 시간의 주인은 선생님이 아니라 학생 자신이다. 수업 시간에 공부해야 할 사람은 학생이다. 그렇다면 그 시간에 뇌를 가동시켜야 할 사람도 학생이다. 편하게 TV나 영화를 보듯이 수업에 임한다면 수업이 끝났을 때 기억나는 것이 몇 개나 있을까? 기억나는 것이 없으면 더 공부할 필요도 느끼지 못할 것이다. 결국 공부 몰입도는 계속 낮아지게 된다.

학생들이 수업 시간에 집중하지 않는 이유 중 하나는 수업을 잘못 이해하고 있어서다. 수업은 어떤 내용을 전수받는 것이다. 전수받는다는 말에 주의해 주면 좋겠다.

가령 체육 시간에 철봉을 한 바퀴 도는 것을 배웠다고 치자. 선생님께서 설명한 다음 시범을 보인다. 보고 있는 나는 분명히 이해했다. 그렇다면 그것으로 끝일까? 중요한 것은 내가 할 수 있느냐는 거다. 내가 철봉에서 한 바퀴 도는 걸 해낼 수 없으면 아직 나는 전수받지 못한 것이다. 그러나 대부분 학생이 그렇게 이해하는 데서 만족하고 만다. 아직 시작도 안 했는데 말이다. 선생님이 방법과 내용을 가르쳐 줬다면 이제 나머지는 학생 몫이다. 혼자서 연습을 해야 한다. 다른 사람들에게 선생님처럼 설명하고 시범을 보일 수 있을 정도까지 되면 어느 정도 전수가 된 것이다. 그전까지는 만족하면 안 된다.

수업에 대한 그러한 오해는 학원이나 과외에서도 그대로 이어진다. 내 머리를 가동하지 않은 채 열심히 설명하는 선생님 말씀을 감상한다. 배운 내용에 대해 점검이나 복습을 할 생각을 하지 않고 오늘도 공부를 많이 했다고 생각한다.

물론 그렇게 된 데는 과도한 학습 시간이 원인일 수 있다. 너무 많은 학원 수업이나 과외는 스스로 공부할 시간을 빼앗아 가므로, 학교 수업을 복습할 수 있는 시간 여유를 확인하고 부족한 과목만 학원을 일정 기간 활용하는 것이 좋다.

앞으로 수업 시간을 전수받는 시간으로 생각하자. 수업 전에 전수받을 마음의 준비를 하고, 수업이 끝나면 무엇을 전수받았는지 확인하자. 또한 그날을 넘기기 전에 확실히 내 것으로 만드는 연습을 계속하자. 그렇게 한다면 수업 시간의 몰입도는 높아지고 다양한 아이디어가 많이 생각나 즐거운 수업 시간이 될 것이다.

● 수업 시간이란?

스승님께
무예를 전수받는다.

전수받은 무예를
다른 사람에게 가르친다.

선생님께 공부와 관련된 내용을 전수받는 시간이다.
전수받지 못하면 수업이 아니다.
전수받기 위해서는 몰입(집중)해야 한다.

● 그러면 질문하겠습니다.

오늘 수업 시간에 선생님께 내용을 잘 전수받았나요?

오늘 수업 시간에 전수받은 내용을 남에게 전수할 수 있나요?

천천히 하는
공부가
재미있다

축구를 연습할 때 공을 정확하게 패스하는 법, 골대에 집어넣는 법을 먼저 익힌 다음 어느 정도 정확도가 올라가면 그다음부터는 레벨을 올린다.

가령 수비를 여러 명 붙인다든지, 눈을 가리고 공을 차게 한다든지, 빨리 공을 처리하게 해서 속도를 높인다. 하지만 처음부터 빨리빨리 하라고 하면 실수를 하고 정확도가 더 떨어진다.

공부에도 정확하게 하는 공부를 우선으로 해야 한다. 개념을 정확하게 이해하고, 단어나 어휘의 뜻을 제대로 알고 넘어가는 것이 좋다. 수학 문제를 풀더라도 처음부터 마지막까지 전 과정

공부도 축구의 원리와 같다

기초적인 것을 훈련하여 정확하게 할 수 있으면
레벨을 점점 올려야 한다.
레벨을 올리는 과정이 몰입의 과정이다.

을 제대로 알고 풀었는지가 중요하지 답을 맞혔는지는 그다음 문제다.

그러므로 공부할 때는 '천천히 개념 이해'라는 기본 전제에 충실해야 한다. 공부 자체에 집중하라는 얘기다. 시험이나 평가는 2차적인 것이다.

그러려면 일단 책을 읽을 때 천천히 읽어야 한다. 빨리 읽으면 무슨 내용인지 기억하기도 힘들고, 무슨 말인지 이해도 잘 가지 않기 때문이다.

교과서는 대부분 비문학으로 이뤄져 있다. 중학교 교과서를 보면 몇 줄만 읽어도 내용이 만만치 않다. 학생들이 어려운 교과서를 잘 소화하기 위해서는 천천히 여러 번 읽어야 한다. 읽는 과정에서 모르는 단어나 어휘는 사전 등을 통해서 제대로 확인하고 넘어가야 한다. 물론 공부를 아주 잘하는 최상위권 학생이라면 공부 흐름이 끊기지 않도록 단어 뜻을 유추해 보면서 그냥 계속 읽어 나가는 것이 좋다.

노벨상을 수상한 퀴리 부인으로 알려진 마리 퀴리는 딸인 이레네를 어렸을 때 직접 가르쳤다. 그때 그녀는 딸에게 물리를 비롯하여 다양한 공부 방법을 가르쳤는데, 어느 날 딸에게 이런 얘기를 했다.

"공부는 양을 적게 하되, 대신 끝까지 파고들어야 한다. 제대로 알지 못한 채 넘어가서는 절대 안 되는 거란다."

이 말을 평생 가슴에 새긴 이레네 역시 훗날 노벨상을 받은 건 우연이 아니다.

상위권인 중학교 어느 1학년 학생을 천천히 읽는 공부 방법으로 훈련했다. 본인이 취약하게 생각하는 국어 교과서를 천천히, 아주 천천히 여러 번 읽고 요약하게 했다. 그다음 말로 설명하게 했는데, 처음 해보는 방식이고 집중도 잘되고 기억도 잘된다고 했다. 예전에는 책을 이렇게 여러 번 읽지 않았다고 했다. 일단 문제 풀이는 하지 않았다.

교과서나 참고서의 내용을 여러 번 천천히 읽고 소화시키면 문제 풀이는 아는 것과 모르는 것을 확인하는 역할을 하므로 나중에 해도 된다. 문제는 '나는 내용을 확실하게 이해하고 모르는 것이 없도록 완전 학습을 지향하는가?'라는 점이다.

완성되지 않은 어설픈 개념을 바탕으로 내용을 잠깐 읽고 문제부터 풀면 틀린 것이 많이 나오고 짜증도 나서 재미없고 공부 의욕도 떨어진다.

반복의 중요성에서 얘기한 것처럼 천천히 읽는 것의 장점은 읽는 동안 생각을 한다는 것이다. 단순히 문자만 읽는 것이 아니라 마음을 집중해서 읽으므로 이해도가 많이 올라간다. 집중하지 않는다는 것은 마음의 분산이다.

공부가 힘든 학생은 마음을 하나로 모으지 못해서 집중하지 못하는 것이다. 천천히 읽는 공부 방법은 마음을 관찰하면서 생각을 집중하여 깨어 있는 마음으로 공부하게 해준다.

천천히 생각하기는 천천히 여행하기이다.

버스를 타고 급하게 하는 여행에서는 자연에 몰입하기 어렵다.

천천히 생각하고 온몸으로 느끼면 자연스럽게 몰입이 이뤄진다.

생각할 때도 꾸준하게 천천히 하는 게 좋다. 아인슈타인은 '빛 속도는 에너지나 관측자에 관계없이 일정하다.'라는 엉터리 같아 보이는 가정에서 출발해, 방대한 생각의 바다를 지나 새로운 사고의 패러다임인 상대성 이론을 탄생시켰다. 이는 바로 천천히 생각하기의 힘이다. 수학에서도 근호란 개념이 나온 후 근호 안에 음수가 들어갈 수 있다는 생각 하나가 복소수 함수론이란 전대미문의 방대한 학문 업적을 쌓을 수 있었다. 이는 고대의 헤론부터 중세의 카르다노를 거쳐 근대의 데카르트, 가우스, 오일러 등 2천여 년 동안 길고도 머나먼 생각의 여정을 통해 이뤄진 것이다. 화가 르네 마그리트는 바다에 떠 있는 거대한 바위라든가, 방 안의 거대한 사과, 우산 위의 물컵 등 전혀 이질적인 두 가지 사물을 한 공간에 불균형하게 배치하여, 일상적인 감각에서 벗어난 초현실적인 분위기를 구현하는 작품 세계로 유명하다. 이것도 바로 천천히 생각하기의 산물이다. 천천히 생각하면 무궁한 창조의 바다가 펼쳐진다.

영어의
바다에
빠트려라

　《영어의 바다에 빠트려라》라는 책으로 유명한 하광호 교수는 언어 학습에서 중요한 것은 알맞은 상황 속으로 들어가 몰입하여 공부하는 것이라고 했다. 실제 상황이라고 상상하고 완전히 몰입해서 영어에 빠져들어야 한다는 것이다. 단순히 영어를 학습해야 하기 때문에 하는 것이 아니라, 목적이 있는 몰입이 최상의 외국어 교육 환경이라고 했다.

　상황에 몰입하면 내가 그 현장의 주인공 입장에서 말하게 되므로 공부한 내용의 흡수가 빨라진다. 무작정 외우기만 하는 공부는 살아 있는 상황 속에서 적절하게 응용하기 어렵다.

상황에 몰입해 공부하라고 하광호 교수가 말하는 이유는 자신이 영어를 배울 때 그렇게 공부했기 때문이다.

중학교 때 운 좋게도 미국에서 역사학 박사 학위를 받은 선생님께 영어를 배운 그는 영어에 재미를 붙이게 되었다. 목포로 전학 간 이후 눈 내리던 어느 겨울날 한 미군과 마주쳤다. 눈앞에 보인 미군은 말을 붙이고 싶은 강한 욕구를 불러일으켰다. 그래서 용기를 내어 말을 걸었다.

"It is snowing today."

"Yes, it is."

눈이 온다는 말에 그렇다고 대답을 하는 미군을 보면서 그는 뛸 듯이 기뻤다. 내 말을 알아듣다니! 믿을 수 없는 일이 벌어진 것이다. 그날의 강렬한 체험은 훗날 그를 만든 강한 원동력이 되었다.

그 후 그는 기회가 생길 때마다 살아 있는 영어 회화 공부를 위해 미군들과 접촉했다. 물론 공부라기보다는 일종의 놀이에 가까웠기 때문에 재미를 위한 즐거운 시간이었다. 만약 그렇게 하지 않고 매일 쪽지 시험이나 테스트를 했다면 열심히 영어를 공부하지 않았을 것이다. 하지만 미군과 하는 대화는 시간이 매우 짧아서 깊이 있는 대화를 하기 어려웠다. 그래서 개척한 곳이 성당이었다. 그곳에서 신부님과 영어로 많이 대화하면서 그는 동네에서 제법 영어를 잘하는 학생으로 알려졌다.

그러던 어느 날 방학 때 잠시 집에 갔는데, 동네 어른들이 다급히 찾아와서 '미군이 진흙탕에 빠져 뭔가 도와 달라고 하는데, 도대체 뭔지 알 수 없다.'라며 가서 좀 들어 보라고 했다. 가 보니 미군들이 차를 빼기 위해 나무판자를 갖다 달라는 것이었다. 마침내 지프차는 무사히 마을을 벗어났고, 그는 동네 어른들의 감탄과 찬사를 받으며 우쭐한 기분이 들었다.

그 일을 계기로 그는 영어에 더 재미를 붙이게 되었고 자신감도 생겼다. 그리고 서울에서 대학을 다니는 삼촌과 영어로 편지를 주고받으며 실력을 키워 나갔다. 물론 실력을 키울 목적은 아니었고, 단지 영어로 편지하는 게 재미있어서 한 것이었다. 하지만 이런 과정은 총체적 영어 공부가 되었고, 그의 영어 실력은 눈부시게 발전했다.

자신의 경험 때문에 하 교수는 영어를 가르칠 때도 실제 상황에 맞는 영어 공부를 강조했다. 영어는 언어이므로 각자가 흥미있는 상황에서 공부하는 것이 좋다. 매일 단어 몇 개 이상을 외우고, 못 외우면 다 외울 때까지 집에 못 가는 그런 방법으로는 흥미도 잃고 영어에 대한 거부감만 늘어날 뿐이다.

언어 습득의 제일 중요한 조건은 본인의 강렬한 욕구이다. 영어를 공부하는 목적이 대학 입시라면 대학을 입학하는 순간 그 동기가 사라지므로 그런 목표는 한계가 있다.

영어를 공부하는 데 좀 더 현실적인 목표가 필요하다. 외국인과 얘기하고 싶고, 친구가 되고 싶고, 외국 영화를 자막 없이 보고 싶다는 마음이라면 영어 공부에 지치지 않고 매진할 수 있을 것이다. 물론 시험 영어와 관련된 공부는 조금 다르다. 하지만 일단 어느 정도 기본 경지를 넘기 위해서는 재미를 근간으로 공부해 나가야 한다.

목적의식
있는
연습

　모차르트는 우리에게 음악의 천재나 신동으로 알려져 있다. 하지만 그도 2살부터 8살까지(한국 나이로 4살부터 10살쯤 될 것이다) 매주 35시간 이상씩 꾸준히 아버지가 음악 공부와 연주를 시켜서, 대중 앞에 나섰을 때 이미 1만 시간을 넘겼다고 한다. 사람들은 그가 연습하는 과정을 보지 못했기 때문에 천재라고 부른 것이다. 매주 35시간 이상 연주할 때 그냥 습관적으로 연습한 것이 아니고, 마음과 혼을 담아 연습했기 때문에 천재적인 능력을 발휘할 수 있었다. 단순히 시간을 때우는 식의 공부는 시간을 많이 사용하더라도 무의미하다. 공부하는 그 시간에 마음을 담아야 한다. 항상 집중하려고 노력해야 한다. 문제는 집중이다. 즉, 깨어 있는 의식으로 목적을 가지고 반복해서 연습하는 것이다.

흔히 "꾸준히만 하면 목표에 도달할 것이다."라고 말한다. 듣기에는 그럴싸하지만 사실 틀린 말이다. 그냥 열심히만 해서는 목표에 도달하기 어렵다. 충분한 기간 동안 올바른 연습을 할 때 실력이 향상되고 원하는 목표에 도달할 수 있다.

대체로 우리가 어떤 기술을 처음 배울 때 일정 시간을 투자하면 성과가 나온다. 요리, 운전, PPT 만드는 기술 등을 배우는 것은 일정 시간을 들여 노력하면 결과가 만들어진다. 하지만 단순히 요리를 오래 했거나 운전을 오래 했거나 강사 생활을 오래 했다고 해서, 모두들 일류 요리사, 카레이서, 뛰어난 강사가 되는 것은 아니다. 왜 그럴까? 오랜 시간을 투자했으면 최고가 되어야 하지 않을까? 어떤 분야에 10년 이상을 종사하고도 그 분야에 뛰어난 전문가가 되지 못한 경우를 우리는 허다하게 볼 수 있다.

여기서 이해해야 할 아주 중요한 사실이 하나 있다. 운전, 수영, 요리 등 무엇이 되었든 일단 그 일이 '만족할 만한' 수준에 도달하면 발전이 멈춘다는 것이다. 사람들은 종종 오해한다. 지속적으로 운전이나 수영, 요리를 하는 것이 일종의 연습이라고 생각하고, 그 일을 계속하면 발전할 거라고 기대한다. 속도는 느리더라도 계속 연습을 하니까 점점 나아질 거라고 생각한다.

하지만 20년 동안 운전한 사람이 5년 동안 운전한 사람보다 운전 실력이 못한 경우도 많다. 20년 동안 진료한 의사가 5년 한 의사보다 분명히 더 실력 있다고 말하기 어렵다. 30년 도를 닦은 사람보다 훨씬 짧은 기간 동안 수행을 했는데도 먼저 깨달음을 얻는 경우도 종종 있다.

그간의 연구에 따르면 일반적으로 어떤 사람이 그럭저럭 '만족할 만한' 실력에 도달하고, 그것을 습관적으로 처리하면, 이후의 '연습'은 실력 향상으로 이어지지 않는다. 그 이유는 바로 이런 반복적이고 기계적인 능력은 그것을 향상시키려는 '의식적인 노력'을 하지 않을 경우에 서서히 퇴보하기 때문이다.

경력이 오래되었다고 해서 항상 뛰어난 것은 아니다. 시간도 중요하지만 그보다는 의식적인 연습이 중요하다. 즉, 목적의식이 있는 연습이 필요하다.

목적의식이 있는 연습이란 명확하고 구체적인 목표를 가지고 임하는 것이다. 미국 영화를 자막 없이 보기, 경복궁에 온 외국인에게 실수 없이 영어로 안내하기 등의 목표가 없다면 연습이 효과적인지 파악하기가 어렵다. '목적의식 있는 연습'은 아기가 걸음마를 배우듯 작은 단계를 차곡차곡 더해서 장기 목표에 도달하는 방법이다. '목적의식 있는 연습'에는 집중이 필요하다.

태권도 격파 시범을 본 적이 있다면 집중을 잘 이해할 수 있을 것이다. 눈앞에는 어린아이 키만큼 기왓장이 놓여 있고 선수는 온 마음과 몸을 집중한다. 조금이라도 흐트러진다면 격파는 성공할 수 없다. 고양이가 쥐를 잡을 때는 거기에만 집중해야지 다른 생각으로 집중이 흐트러지면 쥐를 놓치고 말 것이다.

공부는 집중된 상태가 지속적으로 이어져 몰입으로 갈 때 새로운 지평이 열린다. 모든 것은 익숙해지기 전까지는 어렵고 힘들다. 공부를 잘하기 위해서는 공부 습관이 몸에 배야 한다. 공부 습관이 형성되기 위해서는 매일 집중하는 시간을 늘려야 한다. 그리고 좋은 공부 방법은 발전시키고, 잘못된 방법은 버리거나 고치도록 의식적으로 노력을 해야 한다.

집중은 몸과 마음을 한곳에 모으는 것이며,
모은 것을 놓치지 않는 것이다.

철저하게
이해하라

　20세기 미국의 가장 위대한 물리학자인 리처드 파인만은 학생들에게 공부할 때 철저한 이해를 통해 지식을 얻어야 한다는 점을 항상 강조했다. 그는 이해하지 않고 공부하는 학생들을 보면 정말 납득할 수 없었다. 왜냐하면 무조건 외우기만 하는 공부 방식은 흥미는커녕 고통만 가중시키기 때문이다. 확실히 이해하지 못했으므로 암기했다 하더라도 오랫동안 기억하기도 힘들다. 그런데도 많은 학생들은 노트 필기 내용과 프린트물을 열심히 외우는 정도로 공부하고 있다.

　예를 들어 지름의 3.14배가 원주(원 둘레의 길이)가 된다는 사실을 배워서 외웠다고 치자. 어떤 학생은 이 사실을 배우고 그냥 넘어가기도 하고, 몇 안 되는 일부 학생은 정말로 그런지 확인을 한다. 컴퍼스로 원을 그리고 지름과 원주를 재 보는 학생이 있다. 이렇게 확인을 해보면 신기하기도 하고 기억에도 오래 남는다.

역사상 노벨상을 두 차례 수상한 사람은 단 네 명뿐이다. 그 가운데서도 단독으로 두 번 수상한 사람은 '20세기의 가장 불가사의한 과학 천재'로 불리는 라이너스 폴링이다. 그는 오리건 주립 농과 대학을 다닐 때 열심히 공부하면서 더 효과적인 공부 방법을 찾았다. 무엇보다 교과 내용을 철저하게 이해하기 위해서 어떻게 해야 할까 고민했다.

그래서 그는 여러 장에 걸쳐 분산된 교과서의 지식을 체계적으로 정리해야 할 필요성을 느꼈다. 하나의 특정 주제를 공부할 때 그는 각 장에 분산된 지식을 연결해서 체계화하고 규율화, 조직화해야 연상이 잘돼서 생각이 원활하게 된다고 했다. 폴링의 첫 번째 공부 원칙은 철저한 이해였다. 폴링은 끊임없이 화학과 물리, 수학 등의 지식을 완벽하게 이해해서 자연과학의 기초를 탄탄하게 다졌다. 이를 바탕으로 화학의 새로운 단계로 나아갈 수 있었다.

구름 낀 날에는 태양을 볼 수 없다. 그렇듯 내 의식에 이해되지 못한 구름이 끼어 있으면 그만큼 밝음을 볼 수 없다. 철저히 이해해야 구름을 걷어 내고 깨달음의 태양을 체험할 수 있는 것이다.

공부를 잘하는 학생과 그렇지 않은 학생은 공부에 접근하는 방식 자체가 다르다. 공부를 잘하는 학생은 공부의 성격과 본질에 대해 스스로 인지한 후에 공부하는 데 비해, 그렇지 않은 학생들은 지금 당장 주어진 진도를 따라가는 데 급급하다.

이런 이유로 공부를 잘하는 학생과 그렇지 않은 학생은 '안다'는 것의 차원이 다르다. 보통 학생들은 선생님의 설명을 듣고 이해를 하면 '안다'고 생각하는데, 공부를 잘하는 학생들은 그렇지 않다. 그들은 단순히 내용을 이해하는 수준을 넘어 자신이 선생님처럼 완벽하게 설명할 수 있어야 비로소 '안다'고 말한다. 이러한 '앎'의 상태에 이르기 위해 그들은 머릿속으로 공부 내용을 이리저리 궁리(다양한 각도로 관찰)하면서 완전히 이해하려고 노력한다.

이런 방식으로 공부하면 처음에는 진도가 더딘 것처럼 보이지만, 나중에는 놀라운 사고력의 폭발을 경험하게 된다. 자신이 아는 것과 모르는 것을 정확하게 인지한 상태에서 공부하기 때문에 심도 있는 공부도 가능하다. 자신의 능력을 객관적으로 파악한 후 자기 주도적으로 학습 계획을 세울 수 있기 때문에, 막연히 열심히 하는 것과는 차원이 다른 성과를 기대할 수 있다.

암기가
몰입으로
인도해 줄까?

    암기는 이해와 함께 공부에 매우 중요하다. 이해했더라도 기억하지 못하면 생각하고 연구하는 데 방해받기도 하고, 시험에서도 좋은 결과를 얻을 수 없다. 요즘은 창의력에 대한 중요성이 날로 증가해서 암기식 공부 방법에 대해 부정적으로 얘기하는 경우도 있다. 하지만 창의력이란 뭔가 지식이나 정보의 근거를 가지고 만들어지는 것이므로, 내 머릿속에 지식을 저장하고 기억하는 일은 매우 중요하다.

    또한 현대 사회는 컴퓨터와 인터넷 문화의 발달로 언제 어디서든지 지식을 편하게 꺼내 쓸 수 있게 되었다. 그래서 뭔가를 외우고 기억하려고 애쓰는 것이 무의미하게 느껴지기도 하다. 그렇다고 하더라도 수많은 지식을 활용할 정도의 기본 지식은 내 머릿속에 들어 있어야 한다. 또한 정보의 홍수 속에서 제대로 된 정보를 찾아낼 수 있는 실력을 갖추지 못한다면 지식과 정보의 주인이 아닌 노예로 전락할 수도 있다.

옛날에는 가까운 사람의 전화번호를 다 외우고 있었다. 하지만 지금은 자신의 전화번호도 못 외우는 사람이 있다. 휴대폰에 저장만 하면 언제든 전화할 수 있어서 편리하기 때문이다. 먼 길을 갈 때 지도를 가지고 가거나, 한 번 갔던 곳은 기억하려고 애썼지만 요즘은 그런 모습을 찾기 어렵다. 내비게이션이 인도해 주는 대로 따라 가면 되기 때문이다. 편리하지만 그만큼 머리를 쓰지 않게 되었다. 뭔가를 생각하고 기억하려고 애쓰는 일들이 귀찮아지기 시작한 것이다. 공부를 싫어하는 이유도 이와 마찬가지이다. 학생들을 만나 보면 뭔가 생각하고 암기하는 작업들을 힘들어하는 경우가 많다.

근육도 쓰지 않으면 발달하지 않는다. 뇌도 사용하지 않으면 퇴화하고 만다. 좋은 칼을 샀는데 아깝다고 사용하지 않다가 시간이 흐른 뒤에 사용하려고 하면 녹이 슬어서 아무것도 자를 수 없게 된다. 반면 의도적으로 무언가를 외우고 기억하려 하는 행동은 뇌를 발달시킨다. 뿐만 아니라 어느 경계를 넘어서면 무한한 창의력을 만들어 준다. 암기는 몰입으로 안내하는 좋은 방법 중 하나인 것이다.

백곡 김득신은 조선 중기 시인이다. 이분은 대제학 집안의 후손으로 태어나 태몽에 '노자'가 나와서 크게 기대가 되는 아이였으나, 너무 둔하고 기억력이 크게 모자라 집안의 걱정거리가 되었다. 열 살이 되어서야 겨우 글자를 익히기 시작했는데, 기억력이 남달리 뒤떨어져 무엇을 여러 번 읽어도 기억하지 못했다. 결국 그는 스스로 보통 사람보다 못한 기억력을 가졌다는 사실을 깨닫고 단점을 보완하기 위해 훨씬 더 여러 번 읽는 방법을 택했다.

좋은 글이면 최소 천 번, 그보다 심하면 만 번 이상을 읽었다. 심지어 《사기》〈백이전〉을 너무 좋아한 나머지 11만 3천 번을 읽었다는데, 가히 상상을 초월하는 독수(讀數)라고 하지 않을 수 없다. 그러나 이것은 전설이 아니라 사실이다.

그는 옛글 36편을 읽고 각기 몇 번을 읽었는지를 밝힌 《고문 36수 독수기(古文三十六首讀數記)》에서 자기의 독서 내력을 소상하게 기록해 놓았다. 글의 말미에는 이렇게 적혀 있다.

"《장자》와 《사기》, 《한서》, 《대학》, 《중용》을 많이 읽지 않은 것은 아니나, 만독(萬讀)의 수에 이르지 않았기에 이 독수기(讀數記)에 싣지 않았다. 너희 자손들이 이 독수기를 읽는다면 내가 책 읽기에 게으르지 않았음을 알리라!"

이 정도 독서 열의라면 경탄하지 않을 사람이 없을 것이다. 그러기에 다산 정약용은 "문자가 만들어진 이래 상하 수천 년의 시간과 종횡으로 삼만 리 드넓은 지구 상에서 독서에 열심이고 굉장한 분 가운데 백곡을 으뜸으로 쳐야 할 것이다."라고 극찬했다.

김득신은 책을 많이 읽고 완전히 암기하는 방식으로 공부했고, 자신을 극복하여 당대 최고의 시인이 되었다.

> 재주가 남만 같지 못하다고 스스로 한계를 짓지 마라.
> 나보다 어리석고 둔한 사람도 없겠지만
> 결국에는 이룸이 있었다.
> 모든 것은 힘쓰는 데 달렸을 따름이다.
>
> – 김득신이 스스로 지은 묘비명에서

그렇다면 암기하는 공부 방법은 왜 몰입으로 인도해 주는 것일까? 몰입을 하기 위해서는 어떤 대상과 주제에 대해 언제 어디서든 깊이 생각할 수 있어야 한다. 그러려면 생각할 부분이 정확하게 머릿속에 저장되어 있어야 하고, 언제 어디서든 꺼낼 수 있어야 한다. 암기를 해야 그것이 가능하므로 생각을 지속할 수 있다. 학생들은 눈앞에 책이 없거나 자료가 없으면 공부를 잘 하지 않는 경향이 있는데, 책 없이도 머릿속에 저장한 게 있으면 공부는 언제든 계속할 수 있다.

흔히 창조는 모방에서 비롯된다고 한다. 앞서간 다른 사람이 만들어 놓은 개념을 정확하게 이해하고 내 것으로 만든 다음 더 발전된 것을 만들게 된다. 그걸 위해서는 책을 여러 번 읽고 사색하기를 권하고 싶다. 억지로 외우기보다는 읽는 횟수를 증가시키다 보면 조금씩 이해도가 높아지면서 외우려 하지 않아도 점점 외워지게 된다.

공부를 힘들게 생각하는 이유 중 하나는 한 번에 다 외우려 하기 때문이다. 누구도 그렇게 공부하는 사람은 없는데 내 머리가 나빠서 한 번에 못 외운다고 생각하기도 하고, 공부해도 기억나는 게 없어서 공부할 필요가 없다고 생각하는 학생도 있다. 하지만 암기는 주기적인 반복에 의해 이해도가 증가하면서 저절로 이루어진다. 주기적인 반복에 의한 이해와 암기가 사실 몰입의 과정이기도 하다.

모르는 게 많으면
수업에
집중하기 어렵다

　최초의 컬러 사진 감광판을 만든 공로로 노벨 물리학상을 수
상한 가브리엘 리프만은 초등학교 때부터 예습을 중시하는 공
부 방법을 지향했다. 수업을 듣기 전에 그 부분에 대해 충분히
생각한 후 의문이나 문제의식을 가지고 수업에 임했기 때문에
친구들보다 학습 능률이 높을 수밖에 없었다.

　어느 날 물리 수업 시간에 찰리 선생님께서 던진 '왜 해가 동
에서 떠서 서쪽으로 지는가?'라는 질문과 그 설명, 마찰에 의한
전기 생성 실험을 보고 물리 세계에 흠뻑 빠지게 된다. 그때부
터 더욱 철저하게 예습을 했고, 찰리 선생님을 찾아가 공부하다

가 발견한 여러 가지 궁금한 것을 물어보는 것을 즐겼다. 리프만은 이렇게 철저한 예습 위주 공부로 연구를 거듭한 끝에 물리학 연구 분야에서 뛰어난 성과를 거둬 과학자가 되겠다는 약속을 지켰다.

예습은 공부에 있어서 기쁨을 만끽할 수 있게 해준다. 그런데 예습을 하라고 하면 많은 학생들이 이마를 찌푸린다. 할 게 많은데 언제 예습을 하냐는 거다. 또 복습할 시간도 부족한데 예습까지 하려면 정말 시간 낭비 같다는 반응이다. 하지만 복습을 잘하기 위해서도 예습을 해야 한다. 그렇다면 예습은 어떤 시간일까?

기본 개념을 이해하는 시간이다

예습을 단순히 수업 5분 전에 미리 훑어보는 시간으로 말하는 경우가 있다. 물론 그 정도로도 수업에서 집중도를 올릴 수 있다. 그런데 문제는 그렇게 해서 수업에 집중할 수 있는 학생이 많지 않다는 것이다. 수업에 대한 집중도는 배경지식과 어휘력에 따라 결정 나는데, 최상위권에 속하지 않은 학생들이 그 정도 짧은 시간의 공부로 배경지식을 키울 수 없기 때문이다. 수업 내용이 어렵고 이해하기 힘든 부분이 많으면 당연히 수업 집중도가 떨어진다. 그러므로 예습을 통해 수업 시간을 장악할 만큼의 개념은 어느 정도 이해하고 참여하는 것이 좋다. 예습은 수업을 준비하는 시간이다. 준비를 잘할수록 무슨 일이든 잘 해 낼 수 있다.

█ 아는 것과 모르는 것을 구분하는 시간이다

공부란 무엇일까? 여러 가지로 정의할 수 있는데, 아는 것과 모르는 것을 구분해서 모르는 것을 아는 것으로 바꾸어 나가는 작업이라고 할 수 있다. 공부를 못하는 학생들을 보면 그 이유 는 사소한 것이다.

모르는 것이 있었는데 그냥 넘어가다 보면 그것이 원인이 되 어 점점 모르는 것이 많아지고, 어느 시점에 이르러 감당할 수 없을 만큼 늘어나면 이제 공부를 포기하게 된다. 그러므로 예습 할 때는 모르는 단어나 어휘를 신경 써서 파악하고, 기본적인 정의와 개념을 파악하는 데 집중해야 한다. 내가 알고 있는 내 용과 모르는 내용을 정확하게 구분해서 수업에 임하면 그만큼 집중도가 올라간다. 즉, 예습하면 수업에 집중해야 할 이유가 하나 더 생기는 것이다.

만약 기초가 부족한 과목을 매일 예습해서 수업에 참여하기 를 여러 달 장기적으로 실천한다면 수업의 집중도도 올라가고 그동안 알지 못했던 재미도 발견할 것이다. 이런 공부 방식은 시켜서 하는 공부가 아닌 자발적으로 하는 공부이므로 자기주 도학습이 가능할 것이다. 또한 몰입도를 올려 공부 자체에 재미를 느끼게 해주는 가장 좋은 공부 방식이므로 많은 학생들이 실천하면 좋겠다.

▪ 질문을 적어 보는 시간이다

배움은 질문으로 여는 보석 상자라는 말이 있다. 그만큼 질문의 힘이 공부에서 중요하다는 뜻이다. 질문을 가지고 수업에 임하면 주도적인 공부를 할 수 있다. 질문을 많이 준비할수록 더 많은 지식을 얻을 수 있다. 예습을 했다면 질문거리가 있어야 한다. 질문거리를 가지고 수업에 임하면 수업은 소중한 보물을 찾는 시간이 되어 흥미와 즐거움을 더해 줄 뿐만 아니라 수업에 대한 집중도도 높여 준다.

예습을 잘 해야 하는 한 가지 이유가 더 있다. 수업을 하다 보면 어느 날은 선생님께서 진도를 조금 나가고, 어느 날은 며칠 분량을 한꺼번에 나간다. 예를 들어 시험이 끝난 후에는 진도를 천천히 나간다. 그러다가 어느 때부터는 진도가 많이 나가는데, 시험 직전에 범위를 마치는 경우도 있다. 진도가 천천히 나갈 때는 별 문제가 없지만, 한꺼번에 진도를 많이 나가게 되면 학습 분량이 갑자기 늘어나 지식과 정보를 처리하지 못하는 난감한 상황을 맞게 된다. 그러므로 미리 예습을 해서 수업 진도를 미리 공부해 둔다면 시험이 임박해서 진도를 많이 나가더라도 크게 당황하지 않을 것이다.

예습은 어떤 시간일까? ●●●

1 수업을 준비하는 시간이다.

2 기본 개념을 이해하는 시간이다.

3 아는 것과 모르는 것을 구분하는 시간이다.

4 질문을 적어 보는 시간이다.

5 수업에 대한 집중도를 끌어 올려주는 시간이다.

생각하고 생각하고
또
생각하라

'악어 정신'으로 유명한 러더퍼드가 어느 날 밤 실험실에 불이
켜져 있는 것을 보고 문을 열어 학생에게 물었다.

"자네, 이렇게 늦은 시간에 무엇을 하고 있는가?"

"일하고 있습니다."

"낮에는 뭘 하는가?"

"공부를 합니다."

대답을 들은 러더퍼드는 불만에 찬 얼굴로 물었다.

"그럼, 생각은 언제 하지?"

주제가 있는 깊은 생각에서 깨달음의 '아하' 체험이 생긴다.

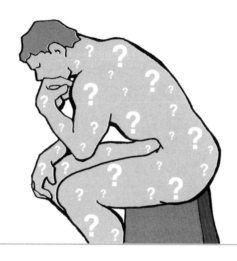

이것은 그가 평생의 연구 과정에서 얻은 깨달음의 전수라고 할 수 있다. 열심히 일한다고 해서 성과가 나오는 것은 아니다. 성과는 열심히 생각하는 데서 나온다.

질량이 크고 수명이 3배 정도 긴 중성 소립자를 발견하여 노벨 물리학상을 받은 중국계 미국인 딩자오중. 그는 공부 방법에 있어서 모든 과목을 암기하기보다는 깊이 있게 이해하는 것이 더 중요하다고 말했다. 기초를 다질 시기에 중요한 것은 사고하는 습관이라는 것이다. 초등학교 때부터 생각하는 습관을 기르지 않는다면 공부 습관을 정착시키기 어렵다.

책상에 앉아 열심히 공부하더라도 생각하는 것이 없으면 아무엇도 모른 채 멍하게 앉아 있는 것과 다를 바 없다. 생각하지 않으면 결과를 얻을 수 없으니 공부를 마치고도 보람과 재미를 느낄 수 없다. 그러니 공자도 '배우고 생각하지 않으면 눈먼 장님과 같다.'고 하지 않았을까?

생각하게 되면 거기서 또 새로운 생각이 나온다. 무슨 일이든 생각을 중시해야 한다. 생각하는 것을 촉진하기 위해서는 의문을 품고 문제에 다가가야 한다.

'왜 그럴까?'

'도대체 무슨 뜻이지?'

'어! 이해가 잘 안 되는데?'

'좀 다르게 생각하는 방법은 없을까?'

'나라면 어떻게 할까?'

이렇게 묻는 습관은 생각을 촉진시킨다. 의문이 없으면 변화도 없다. 더 이상 새로운 것도 없다. 세상을 변화시키는 혁신도 생각하는 습관, 특히 의문에서 비롯됐다. 또한 의문이 생기면 바로 확인해야 한다. 확인하지 않고 의문만 품고 그냥 넘어간다면 공부하면서 생각하지 않는 것보다 더 위험할 수 있다. 생각은 공부를 촉진시키고, 공부는 생각을 촉진시킨다. 몰입은 그 과정에서 깊이를 더해 간다.

"배우고 생각하지 않으면 눈먼 장님과 같다."

배경지식을
확장하라

    깊게 오랫동안 생각하는 것은 몰입으로 들어가는 좋은 통로가 틀림없다. 하지만 어떤 문제를 해결하거나 궁금한 부분을 알기 위해서는 생각만으로 충분하지 않다. 반드시 관련 분야에 대한 배경지식이 있어야 한다. 배경지식이 없는 상태에서 뭔가를 끄집어내려고 노력해 봐야 나올 것이 없기 때문이다. 그럴 땐 배경지식을 쌓기 위해 책을 읽거나 자료를 찾아보는 것이 현명하다. 그러다 보면 새로운 해결책이 나오거나, 한 단계 발전된 아이디어를 얻기도 한다. 수학 문제를 풀 때 계속 풀리지 않을 경우에는 해당 부분의 기초 지식과 개념에서 잘 이해하지 못하고 있는 것이 없는지 다시 확인해야 한다.

학생들에게 공부를 잘하기 위해서 무엇을 해야 하는지 물으면 다들 예습, 복습, 수업에 집중하기 등 3가지를 답한다. 예습–수업–복습은 공부의 선순환 과정이다. 이 과정이 반복되고 순조롭게 진행될수록 공부에 대한 몰입도가 올라간다. 공부 몰입도가 올라가는 이유는 반복하는 과정에서 지식이 확장되고, 이해되는 부분이 증가하며, 기억하고 암기하는 부분이 늘어나기 때문이다. 즉, 배경지식이 확장되기 때문에 더 많은 정보를 받아들이게 된다. 만약 지식이 확장되지 않는다면 공부는 당연히 재미없게 된다. 마찬가지로 수업 시간에도 그 내용을 이해할 만큼 충분한 배경지식이 준비되어 있지 않다면 수업은 재미없고 집중할 수 없다.

초등학교를 졸업하고 중학교에 진학하면 많은 학생들이 수업 시간에 힘들어 하는데, 그 이유 중 하나가 수업을 들을 때 필요한 배경지식의 양이 갑자기 늘어나기 때문이다. 모든 수업 시간이 그렇게 되다 보니 갑자기 늘어난 정보를 어떻게 소화할지 몰라 당황하게 된다. 그리고 미처 적응하기도 전에 주기적으로 시험을 보고, 예상치 못한 결과에 공부할 의욕마저 잃게 된다. 그러므로 학생들은 예습과 복습을 통해 배경지식을 확장하는 일을 게을리해서는 안 된다.

또 평소 신문과 독서를 통해 세상에서 일어나는 여러 가지 일에 대해 관심을 갖고 읽어 나간다면, 수업과 교과서에 나오는 내용들을 접하게 되어 쉽고 재미있게 공부에 집중할 수 있다. 특히 방학 때 학기 중에 부족했던 독서를 계속 한다면 학습에 많은 도움이 될 것이다.

배경지식 확장은 공부를 담는 그릇을 키워 나가는 작업이다. 그릇 크기가 작다면 아무리 많은 물건을 담으려 해도 다 담을 수 없다. 그릇은 작은데 많은 지식을 담으려 하니 배탈이 날 수밖에 없다. 그리고 많은 학생들이 이런 배탈을 경험하고 있다. 배경지식을 늘리는 작업을 꾸준히 진행하면 몰입도는 자연히 깊어진다.

"몰입에는 배경지식 확장이 수반되어야 한다.
깊게 파기 위해서는 넓게 파기 시작해야 한다."

시험 끝난
다음이
더 중요하다

시험이 끝나면 공부를 못하는 학생도 시험이 끝났다며 좋아한다. 시험이 끝났는데 기쁘지 않은 학생이 어디 있을까? 시험을 위해 며칠씩 날을 새고, 심리적 압박을 받고, 엄마의 잔소리를 들으며 '어서 시험이 끝났으면……' 하고 공부했으니 기쁘지 않은 게 오히려 이상하다. 하지만 시험이 끝나고 나서 어떻게 행동하는지를 보면 우등생인지 아닌지 금방 알 수 있다.

몰입의 관점에서 보면 학생들의 공부 몰입도가 최고조에 달하는 때는 시험 직진이 아니라 시험을 보는 그 시간이다. 문제를 풀기 위해 자세히 문제를 읽고, 문제에서 요구하는 것이 무엇인지 생각하며 한 문제 한 문제 집중해 풀어 간다. 그렇게 매 시간을 풀다 보니, 학생 입장에서 가장 많이 공부하고 머리를 쓴 때는 시험 보는 그 시간인 것이다. 실제로 쉬는 시간에 방금 전에 본 문제에 대해 이야기를 나누기도 한다.

"너 7번 문제 어떻게 풀었어? 답이 뭐야?"

"응, 3번이 답인데?"

"뭐라고? 나 4번이라고 했는데."

이렇게 두 학생은 문제를 보지 않고도 대화가 술술 풀린다. 당연히 시험 시간에 집중해서 풀었기 때문에 문제를 안 보고도 기억이 나는 것이다. 그만큼 깊이 몰입했다는 증거이다.

하지만 평소 문제를 풀고 책을 덮었을 때 이 정도로 기억이 날까? 아마 안 나는 경우가 훨씬 많을 것이다. 그러므로 평소에 시험 볼 때의 몰입도는 아니더라도 그에 버금갈 정도로 꾸준히 공부한다면 우등생이 되는 것도 그리 어려운 일은 아니다.

공부가 힘든 것은 몰입에 쉽게 못 들어가기 때문이다. 일단 몰입에 들어가면 그다음부터는 가속도가 붙어서 공부하는 게 어렵지 않다. 시험이 공지되면 누구나 열심히 공부하려고 하는데, 시험 전날부터 시험 당일까지 머리를 풀가동해 집중도는 올라간다. 몰입에 들어가는 게 쉽지 않지만, 많은 학생이 몰입을 체험하는 기회를 부여받는다. 이렇게 어렵게 얻은 공부 몰입을 시험이 끝나자마자 무너뜨린다면 너무 아깝지 않은가?

따라서 시험이 끝났을 때 머리에서 바로 공부에 대한 생각을 지우지 말고 시험 중에 헷갈리거나 궁금했던 것, 알고 싶었던 것들을 다시 확인하여 몰입 상태를 지속시켜 나가는 것이 좋다. 사실 그렇게 하면 기억하는 데도 훨씬 도움이 된다. 점검하고 확인하는 과정에서 몰입도가 올라가고, 벼락치기한 내용이라도 이해가 되어 머릿속에 지식으로 차곡차곡 쌓인다.

우리가 시험을 위해 사는 것은 아니다. 시험은 삶의 과정에서 매일 만나는 통과 의례와 같다. 몰입은 그 자체로 행복감과 충만감을 준다. 누구나 인생이 행복하기를 바란다. 그러나 행복은 결과로 주어지는 것이 아니라 과정 자체에서 느끼는 감정 상태다. 몰입이 일상화되면 결과보다 과정을 중시하는 삶을 살게 되고, 그에 따라 가치관도 변하게 된다.

시험은 공부 몰입을 체험하는 시간이다.   • • •

● 공부 몰입도가 가장 높은 시간은?

시험을 치를 때이다.

● 의도적으로 공부 몰입도를 낮출 필요가 있을까?

시험이 끝나고 일부러 공부 몰입도를 낮추는 것은 공부를 잘하는 길을 의도
적으로 막는 것과 같다. 시험은 공부의 목적지가 아니다. 시험 문제와 공부
방법을 되돌아보는 과정에서 더 깊은 몰입을 체험할 수 있다.

주말이
공부 몰입도를
좌우한다

    토요일, 일요일이 지나 월요일이 되면 다시 공부를 해야 한다는 생각에 아침부터 짜증 났던 경험이 있을 것이다. 더구나 '일주일을 또 어떻게 보내나?' 하는 생각이 들면 월요일은 정말 힘든 날이 된다. 학생뿐만 아니라 어른도 월요병이라는 게 있어서 이날은 능률도 잘 오르지 않고 집중도 잘 되지 않는다. 그러다가 오후나 다음날이 되면 다시 업무에 적응해 일을 집중해서 할 수 있다.

    월요일에 일에 집중하기가 힘든 것은 주말에 업무와 관련된 생각을 완전히 놓아 버린 탓이다. 새로운 아이디어나 앞으로의 계획 같은 것을 세워 보면서 약하게나마 생각의 끈을 붙잡고 있었다면 월요일에도 바로 업무에 집중할 수 있을 것이다.

마찬가지로 공부할 때도 주말에 공부와 관련된 생각을 버리고 완전히 휴식하거나 놀이나 게임 등에 몰두한다면, 월요일뿐 아니라 화요일까지 그 여파가 미친다. 그러다 겨우 공부에 적응되는 것 같다 싶으면 또 주말을 맞이하여 공부 몰입도가 떨어진다. 그러므로 주말을 잘 보내는 것이 공부에 집중하는 데 중대한 영향을 미친다.

따라서 주말 계획을 잘 세우는 것이 중요하다. 주말에 공부할 내용과 깊이 생각해 볼 부분을 미리 정해 놓는다면 헛되이 시간을 소비하는 일은 없을 것이다.

주말은 한 주간의 공부를 갈무리하고 다시 한 번 정리하는 시간이다. 내가 약한 과목이나 부족한 공부를 보충하는 시간이기도 하다. 또 잘 하기만 하면 공부 몰입도를 한껏 올릴 수 있는 시간이다.

예를 들면, 수학 문제를 푼다고 했을 때 매일 일정 시간을 투자해서 조금씩 문제를 풀다가도 어느 시점이 되면 거의 하루 종일 수학 문제만 푸는 과정을 거쳐야 실력이 한 단계 더 올라갈 수 있다고 자신의 체험을 얘기하는 학생들이 있다. 하루 종일 수학 문제를 푸는 시간은 몰입이 극대화되는 시간으로서, 굳이 표현하자면 몰입 등급이 한 단계 올라가는 시간이다. 주말을 그런 시간으로 활용한다면 아마도 내가 하고 싶은 공부를 맘껏 할 수 있는 시간이라서 기대감에 부풀어 기다릴 것이다.

주말은 기본적으로 예습이나 복습의 기회로 활용하면 좋다. 예습은 수업의 준비이고, 수업은 복습의 준비이기 때문에 공부 몰입도를 유지해 주는 최선의 방법이다.

몰입도를 높이기 위한 주말 활용법(한 가지를 선택해서 실천한다.) ● ● ●

1 부족한 한두 과목에 시간을 집중적으로 투자하는 방법도 좋다.

2 그 주에 공부한 내용을 생각하면서 정리해 본다. 책을 보지 않더라도 생각의 끈을 놓치지 않도록 한다. 생각의 끈을 놓치면 다음 주에 공부 몰입도를 올리는 데 더 많은 힘이 든다.

3 산책이나 여행 시 약한 몰입 상태를 유지한다. 1~2가지 생각할 주제를 정하고 주기적으로 생각한다.

평소에
몰입을
유지하자

　몰입에서 중요한 것은 몰입도를 계속 유지하는 것이다. 공부 몰입도가 유지되어야만 같은 시간을 공부해도 훨씬 효과가 높고, 지치지 않으면서 계속 공부할 수 있다. 문제는 몰입을 방해하는 외부 요인이 많고, 시간표에 따라 움직이다 보면 자꾸 집중도가 떨어진다는 것이다. 특히 쉬는 시간이나 점심시간, 등·하교 시간을 어떻게 보내는가에 따라 몰입도를 높일 수도 있고 떨어뜨릴 수도 있다.

　공부 몰입도가 높은 상태에서 수업을 듣거나 자습을 하면 굉장히 효율적인 공부가 된다. 하지만 자투리 시간에 공부 생각을 아예 끊는다면 공부 집중도를 올리기 위해 많은 에너지를 쏟아부어야 하고, 집중할 만하면 다시 쉬는 시간이 돌아와 몰입에 들어가지 못하고 매일매일을 보내게 된다.

무슨 일이든 몰입할 때 진정한 기쁨과 보람을 느낄 수 있다. 공부도 마찬가지로 몰입했을 때 기쁨과 보람을 느낀다. 기쁨과 보람을 느끼지 못하는 경우 좋은 성과를 거둘 수 있을까?

공부에 몰입하기 위해 자투리 시간에는 몰입할 수 있는 과제나 주제, 생각할 거리를 준비하여 창조적으로 활용하자. 일주일만 실천해 본다면 많은 체험을 할 것이다. 사실 목표만 주어진다면 자투리 시간에 더 높은 집중력을 가질 수 있다. 시간과 장소에 상관없이 자투리 시간을 활용한다면 충분히 공부 집중도를 유지하고 몰입으로 나아갈 수 있다. 자투리 시간을 활용한 몰입 공부법을 알아보자.

▪ 등·하교 시간 공부법

걸어서 학교를 오간다면 책을 펼쳐 놓고 공부하기는 힘들다. 이때 생각할 주제를 한두 가지 정해 천천히 생각하면서 걷는 것도 좋은 방법이다. 등 · 하교 시간에는 공부 패턴을 자주 바꾸기보다 자신에게 맞는 방법을 선택해서 매일 꾸준하게 반복하는 것이 좋다. 가령 집에서 출발하기 전에 암기해야 할 내용을 메모해서 학교 가는 길에 다 외우는 식으로 공부하는 것도 좋은 방법이다.

반대로 만원 버스나 지하철을 이용한다면 안내 방송 때문에 시끄러운 환경이므로 단어장 등 가벼운 간이 학습장을 들고 읽는 것이 좋다. 대중교통을 이용할 때에는 승객이 몰리는 시간을 피해서 10분 정도 일찍 출발한다면 공부에 더 집중할 수 있는 환경이 될 것이다. 만약 편하게 앉아 갈 수 있는 환경이라면 평소처럼 책을 펼쳐 놓고 공부를 해도 좋다. 목적지에 도착하면 내려야 하기 때문에 긴장감을 유지할 수 있어 집중력이 배가됨을 느낄 것이다. 또 수학 문제를 머릿속으로 풀어 보는 것은 집중력을 한층 배가시킨다. 이때는 어려운 문제를 선택해서 계속 생각하면서 궁리하는 것도 좋은 방법이지만, 이미 풀었던 문제나 어렵지 않은 문제를 선택해 볼펜으로 풀던 방식에서 벗어나 암산으로 풀어 본다면 집중력이 급격히 올라가면서 학습 능력을 확 올려 준다. 등·하교 시간에 이런 방법을 활용해 본다면 두뇌가 활성화되어 학교에서도 바로 공부 집중도를 올려 줄 것이다.

▌ 쉬는 시간을 활용하는 것이 관건이다

간혹 중학교에서는 하교 후 집에서 공부를 전혀 하지 않고도 최고의 성적을 내는 학생들을 볼 수 있다. 이들의 공통점은 쉬는 시간 10분을 최대한 활용했다는 것이다.

수업 시간에 수업 내용을 잘 이해했다면 그것을 반복 학습하는 데 5분이 채 걸리지 않을 것이다. 드라마를 본 직후 스토리를 다시 얘기해 보는 것은 쉽지만, 며칠이 지나면 기억이 뒤죽박죽되는 것과 같은 이치다.

수업 직후에 정리를 해 보는 것은 나중에 여러 시간을 따로 내서 공부하는 것만큼의 효과가 있다. 결과적으로 여러 시간을 번 셈이 된다. 친구와의 수다로 날려 버릴 수 있는 쉬는 시간이 학습에 중요한 시간인 셈이다. 계속해서 쉬는 시간에도 뇌를 가동시키면 다음 수업 시간에도 집중할 수 있어 일석이조다.

이렇듯 자투리 시간은 공부 몰입도를 결정짓는 중요한 과정이므로, 창조적으로 활용하여 공부 몰입을 위한 징검다리를 확실하게 놓자.

몰입도를 높여 주는 자투리 시간 활용 공부법 ● ● ●

1 등·하교 시간에 암기할 내용이나 생각할 주제를 정해서 외우거나 생각한다. 수학 문제를 암산으로 풀어 보는 것도 하나의 방법이다.

2 수업 직후 쉬는 시간에 지난 수업을 회상해 본다. 중요한 개념이나 어휘를 다시 한 번 반복해서 기억한다.

Chapter Summary

몰입 공부법

❶ 가끔씩 내가 공부하는 이유에 대해 생각해 보자. 부모님께서 말씀하시는 이유 말고, 내가 고민해서 자신과 친구에게 설명할 수 있는 그런 이유.

❷ 공부를 잘 못하는 학생들의 원인은 모르는 것이 있었는데 알아보려하지 않고 그냥 넘어간 사소한 이유가 쌓이고 쌓여 습관이 되었기 때문이다. 즉, 공부를 잘하는 방법은 배운 내용 중에 모르는 것이 없도록 최대한 완전 학습을 하고 넘어가는 것이다.

❸ 수업 시간을 전수받는 시간으로 생각하자. 수업 전에 전수받을 마음의 준비를 하고, 수업이 끝나면 무엇을 전수받았는지 확인하자. 또한 그날이 넘기기 전에 확실히 내 것으로 만드는 연습을 계속하자.

❹ 천천히 읽는 것의 장점은 읽는 동안 생각을 한다는 것이다. 단순히 문자만 읽는 것이 아니라 마음을 집중해서 읽으므로 이해도가 많이 올라간다. 집중하지 않는다는 것은 마음의 분산이다.

❺ 언어를 습득하는 제일 중요한 조건은 본인의 강렬한 욕구다. 영어를 공부하는 데 좀 더 현실적인 목표가 필요하다. 외국인과 대화를 하고 친구가 되고 싶다는 마음, 외국 영화를 자막 없이 보고 싶다는 마음이라면 지치지 않고 영어 공부에 매진할 수 있을 것이다.

⑥ 암기를 하면 언제 어디서든 공부할 내용을 꺼낼 수 있고 생각을 지속할 수 있다. 책 없이도 머릿속에 저장한 게 있으면 공부는 언제든 계속할 수 있다.

⑦ 수업 내용이 어렵고 이해하기 어려운 부분이 많으면 당연히 수업 집중도가 떨어진다. 그러므로 예습을 통해 수업 시간을 장악할 만큼의 개념은 어느 정도 이해하고 참여하는 것이 좋다. 예습은 수업을 준비하는 시간이다. 준비를 잘할수록 무슨 일이든 잘 해낼 수 있다.

⑧ 기초를 다질 시기에 중요한 것은 사고하는 습관이다. 초등학교 때부터 생각하는 습관을 기르지 않는다면 공부 습관을 정착시키기 어렵다.

⑨ 배경지식 확장은 공부를 담는 그릇을 키워 나가는 작업이다. 그릇 크기가 작다면 아무리 많은 물건을 담으려 해도 다 담을 수가 없다. 배경지식을 늘리는 작업을 꾸준히 진행하면 몰입도는 자연히 깊어진다.

⑩ 평소에 공부 몰입도를 유지하기 위해서는 자투리 시간과 주말, 그리고 시험 후 시간 관리가 중요하다. 약한 몰입으로 공부 몰입도를 유지하면서 공부의 완급을 조절하자.

PART 05

몰입
실천하기

몰입을 습관화한 학생보다는 아직 몰입이 낯선 학생이 많다. 몰입에 들어가기 위해서는 초기에 조금씩 의도적으로 훈련을 해야 한다. 학습 결과보다 과정을 중시하면서 몰입 자체를 체험하고, 몰입하는 시간을 조금씩 늘려가도록 한다. 매일 꾸준히 조금씩 실천하는 작은 습관 하나가 몰입으로 인도할 수 있다. 몰입하면 공부에 가속도가 붙어 짧은 시간에도 훨씬 많은 공부를 할 수 있다. 여기에 제시된 방법들 중 가능한 것부터 실천해 보자.

10대를 위한 몰입 공부법　● ●

수업 시간에
몰입해 보기

수업에 어떤 자세로 임하는가에 따라 이해의 정도는 크게 달라진다. 수업 시간에 두뇌를 풀가동해서 이해의 폭을 최대한 늘린다는 자세를 가질 필요가 있다. 그렇게 적극적인 마음으로 임한다면 당연히 수업 몰입도가 올라갈 것이다. 즉, 이해하고 암기하는 양이 많아진다는 것이다. 만약 수업을 시작할 때 선생님이 수업 끝나고 간단한 쪽지 시험을 본다고 미리 공지를 한다면 시험에서 좋은 점수를 받기 위해서 열심히 공부할 것이다. 그처럼 적극적이고 긴장된 마음으로 수업을 임하면, 암기와 이해를 병행하면서 수업에 집중하고 몰입할 것이다.

수업은 대부분 강의식으로 진행된다. 강의식 수업에서는 주로 선생님을 바라보면서 수업을 들으니까 집중하지 않는 학생도 공부한다고 착각하기 쉽다. 하지만 수업 시간에 이미 학습량과 이해의 격차가 계속 벌어지고 있다. 우등생은 수업에 집중하지 않으면 복습할 때 매우 힘들어진다는 사실을 알기 때문에 어떻게든 수업 내용을 놓치지 않으려고 노력한다. 하지만 어떤 학생은 나중에 따로 시간을 내서 공부하겠다고 생각하고 수업에 최선을 다하지 않는 경우가 있는데, 이런 습관은 결국 학습 능력과 흥미의 저하로 이어진다. 공부는 습관이 중요한데, 수업에 집중하는 습관을 들이지 않으면 인터넷 강의나 학원 수업 때도 집중하지 않게 된다.

수업 시간은 선생님이 공부하는 시간이 아니라 학생이 공부하는 시간이다. 선생님의 강의를 수동적으로 듣기만 해서는 수업 내용을 제대로 소화할 수 없다.

어느 날 선생님이 오셔서 "애들아, 옆 반에 수업이 있는데 내가 지금 급한 일이 생겨서 수업을 진행할 수가 없구나. 누가 내대신 수업 좀 해줄 수 있겠니? 너희들은 지난 시간에 먼저 배워서 내용을 다 알고 있잖아."라고 말씀하시면 대신 수업을 할 수 있을 정도가 돼야 한다. 그러기 위해서는 수업 내용을 손바닥에 훤히 들여다볼 수 있을 정도로 장악하고 있어야 가능하다.

따라서 수업 시간에 수동적으로 듣고 있을 것이 아니라 능동적으로 가르치는 입장에서 생각하자. 이해한 것과 모르는 것을 구분하고, 노트에 필기하면서 자신의 온 감각을 수업 전체에 집중해야 한다.

수업이 끝난 후에는 다음과 같이 질문을 해보자. ● ● ●

1 오늘 수업 시간에서 기억해야 할 중요한 개념은 무엇인가?

2 아직 이해되지 않았고, 잘 외워지지 않아 자습 시간에 외우고 확인해야 될 것은 무엇인가?

3 이번 시간에는 몇 퍼센트를 이해하고, 몇 가지를 암기했는가?

궁극의
공부법
실천하기

세인트 루이스 워싱턴 대학의 로디거 교수는 궁극의 공부법에 대해 다음과 같이 말했다.

"배운 걸 기억에서 꺼내는 노력을 많이 할수록 장기 기억으로 더 잘 보낸다는 증거들을 찾아냈습니다. 사지선다형도 효과는 있지만 배운 것을 스스로 재구성하는 문제, 배운 것을 자신이 직접 기억에서 꺼내도록 하는 문제는 효과가 더 좋습니다."

공부한 내용을 자주 떠올려보거나 표현해 볼 때, 또는 시험과 같은 테스트를 병행할 때 장기 기억으로 넘겨 오랫동안 기억할 수 있고 이해를 잘할 수 있다.

따라서 공부한 내용을 남에게 설명해 보는 것이 꺼내는 공부의 대표적인 방법이므로 자주 실천해 보는 것이 좋다. 내용을 한 번 더 말해 봄으로써 반복 효과가 있어 이해가 잘 되고 암기도 잘 된다. 다른 사람을 가르쳐 본 사람들은 자신이 설명했던 것은 잘 잊히지 않는다는 것을 알 것이다. 이것은 우등생들이 많이 실천하는 방법으로, 설명 과정에서 자신이 이해한 것과 이해하지 못한 것이 확실하게 구분되어 부족한 부분을 스스로 알 수 있다.

학교에서도 공부를 못하는 학생이 우등생에게 질문을 해서 모르는 부분을 해소하는데, 질문하는 학생도 도움을 받지만 사실 더 큰 혜택을 받는 사람은 설명해 주는 우등생이다. 사실 우등생은 속으로 질문한 학생에게 고맙다는 생각을 할지도 모른다. 어떤 내용을 확실하게 알게 해주었으니 말이다.

그러니 공부를 잘하는 학생이든 그렇지 못한 학생이든 그날 배운 내용을 차근차근 설명해 보는 시간을 갖자. 집에 가서 어머니께 할 수도 있고, 스터디 그룹을 만들어 돌아가면서 발표할 수도 있다. 상황이 허락되지 않는다면 혼자서도 할 수 있다. 집에 있는 인형에게 설명할 수도 있고, 조용히 수업을 떠올리며 백지에 적어 볼 수도 있다.

오늘 수업 시간에 배운 내용을 적어 보세요.
공부는 입력도 중요하지만 출력도 중요합니다.
잘 생각나지 않으면 눈을 감고 수업 시간을 떠올려 보세요.

과 목
내 용

교과서
천천히 읽고
표현해 보기

    교과서는 수업과 진도를 나가는 기본 교재다. 핵심이 잘 요약되어 있고, 기본 개념이 잘 설명되어 있다. 그런데 교과서는 내용이 핵심적으로 압축·요약되어 있는 경우가 많다. 그래서 자세히 읽지 않으면 이해하기 어렵다. 평소에 독서 훈련이나 읽기 습관이 정착되어 있지 않은 학생은 교과서 내용을 소화하기가 쉽지 않다. 교과서를 한 번만 읽고 이해하겠다는 생각은 금물이다. 여러 번 읽는 동안 이해가 되고 자연스럽게 암기가 되면서 지식이 확장되고 사고가 깊어진다.

    상위권 학생들은 이런 과정을 체험을 통해 자연스럽게 알고 있기 때문에 한 번에 다 이해하겠다는 생각을 하지 않는다. 여러 번 반복해서 읽다 보면 자연히 알게 될 거라는 믿음을 갖고 천천히 읽으면서 내용 자체를 이해하는 데 최선을 다한다. 반면에 하위권 학생들은 한 번 읽고서 이해가 안 되고 기억이 안 나면 공부해도 소용없다고 생각한다. 바로 그 점에서 차이가 나기 시작하는 것이다.

그러므로 이제 천천히 여러 번 읽는 것으로 읽기 습관을 바꾸자. 읽다가 모르는 어휘가 나온다면 반드시 확인하고 넘어가야 한다. 개념 노트에 적어 보는 것도 좋다. 그리고 여러 번 읽은 다음에는 요약해서 정리해 보자. 사회나 과학 과목은 교과서 내용만으로 충분하지 않을 수 있으므로 보충 설명이 되어 있는 참고서를 활용하여 읽는 것도 좋은 방법이다. 수학의 경우 교과서 속 설명이 이해하기 쉽게 잘되어 있으므로 개념을 이해하고 공식을 유도하는 과정 등을 배울 때는 교과서를 읽으면서 충분히 이해하는 데 초점을 맞추도록 한다.

평소에 공부할 때 집중하기 어려운 학생은 소리를 내어 천천히 책을 읽어 보자. 마치 옛날에 서당에서 소리 내서 읽듯이 따라 읽다 보면 집중력이 좀 더 올라가는 것을 느낄 수 있다. 물론 마음을 담아서 읽을수록 더 잘 이해되는 것은 당연하다.

그리고 책을 읽은 다음에는 책을 덮고 읽은 내용을 노트에 적어 보면 학습 효과를 높일 수 있다.

교과서를 천천히 여러 번 읽은 다음,
내용을 최대한 자세하게 적어 보세요.

과목(읽은 교재)		읽은 쪽수	～ 쪽
읽은 횟수	( )회		

수학 문제
풀기

많은 학생이 가장 어려워하는 과목, 수학. 고등학생 중 수포자(수학을 포기한 사람) 아닌 사람을 찾는 것이 더 편하고 빠를 정도로 수학은 난공불락의 요새다. 수학이 어려운 이유는 대부분 초등학교 때 겪은 안 좋은 추억 때문이다. 한번 수학이 어렵게 느껴지면 그다음부터는 여간해서 집중하며 공부하기가 어렵다.

수학을 잘하기 위해서는 생각하는 시간을 늘려야 한다. 개념이 이해되지 않거나 문제가 풀리지 않을 때도 생각하기를 포기하지 말고 몇 분이라도 더 생각하고 궁리해 보는 자세가 필요하다. 개념이 충분히 이해가 되지 않은 학생은 교과서를 여러 번 읽고 확실하게 이해한 다음에 문제를 풀도록 한다.

문제를 푸는 방법은, 보통 문제집의 난이도가 '개념−연습−심화' 순이므로 각 단계의 문제를 완전히 풀기 전에는 다음 단계로 넘어가지 않도록 한다.

예를 들어 개념 문제가 10문제인데 그중에서 3문제를 틀렸다면 아직 개념 이해가 부족한 상태이므로 연습 단계로 넘어가지 말고 못 푼 3문제를 다시 풀어야 한다. 그런데 어떤 학생은 채점을 하고 답을 맞춰 보는 것으로 공부를 마무리하기도 하는데, 공부는 이제 시작인데 문턱에서 멈춰 돌아서고 마는 격이니 참으로 안타깝다.

틀린 문제는 이전보다 더 많은 시간을 들여서 생각해 보자. 가령 처음 문제를 풀 때 한 문제당 생각하는 시간이 1분 미만이었다면 3분 정도로, 3분 정도였다면 5분 정도로 늘려 보는 것이다. 10분 넘게 생각했다면 20분 정도 해보는 것도 좋다.

여기서 중요한 것은 시간이다. 문제를 맞히는 게 목적이 아니고 정한 시간 동안 그 문제에 대해서만 생각하는 것이다. 그 시간을 채웠는데도 풀지 못했다면 표시를 하고 다음 문제로 넘어간다. 그런데 생각하는 시간을 늘리면 안 풀리던 문제가 대부분 풀리는 것을 발견하게 된다. 이번에 풀지 못했더라도 며칠 뒤 다시 도전하여 생각하면 또 풀리는 문제가 생긴다. 결국 내가 문제를 못 푸는 것이 아니라 생각의 양이 부족했다는 것을 깨닫게 된다. 그렇게 차츰 생각하는 시간을 늘려가다 보면 등·하교 시간이나 쉬는 시간에도 문제에 대해서 생각하는 자신을 발견하기도 하고, 문득 해답을 구하는 체험을 하기도 한다.

또 다른 방법은 문제집 한 권을 정해서 3~5번 정도 문제를 반복해서 푸는 것이다. 처음 문제를 풀 때 제대로 푼 문제와 그러지 못한 문제를 구분한다. 두 번째 풀 때는 처음 제대로 푼 문제는 암산으로 풀고, 못 풀었던 문제는 다시 일정 시간을 정해서 풀어본다. 그렇게 푼 다음 다시 세 번째에 도전한다. 세 번째도 두 번째와 마찬가지로 이전에 푼 문제는 암산으로 풀고 못 푼 문제는 손으로 푼다. 암산으로 푼다는 것은 답까지 구하라는 것이 아니다. 어떻게 푸는지 방법이 떠오른다면 연산까지 완벽하게 끝내는 것이 아니라 기본 풀이 과정을 그려 보는 것으로 끝내고, 잘 떠오르지 않을 때만 다시 손으로 풀면 된다. 여기서는 사고 과정을 훈련하는 것이 중요하므로 거기까지만 해도 충분하다.

수학 실력이 어느 정도 올라 있는 학생은 풀지 못한 문제를 메모하거나 복사해서 호주머니에 넣고 다니며 틈틈이 생각해 보자. 수준이 매우 높은 문제이므로 쉽게 해결되지 않을 것이다. 하루나 이틀 만에 해결되기도 하고, 그 이상이 걸릴 수도 있다. 하지만 난공불락의 요새를 공격하듯 여러 가지 궁리를 하다 보면 결국 해결책을 찾을 것이고, 덤으로 몰입의 기쁨도 얻을 것이다.

수학 점수는 생각 등급과 같습니다.
생각하는 시간에 비례하여 문제가 풀립니다.
문제를 풀기 위해 생각의 시간을 늘려 보세요.
시나브로 집중의 힘이 생길 것입니다.

1 생각하는 시간 늘려 가기

- 문제 푼 페이지 :
- 첫 번째에 푼 문제 수 :
- 두 번째에 도전해서 푼 문제 수 :
- 두 번째에 문제 풀 때 한 문제당 생각한 최소 시간 :   분
- 세 번째에 도전해서 푼 문제 수 :
- 세 번째에 문제 풀 때 한 문제당 생각한 최소 시간 :   분

2 3회 문제 풀기

- 문제 푼 페이지 :
- 첫 번째에 푼 문제 수 :
- 두 번째에 도전해서 추가로 푼 문제 수 :
- 두 번째에 암산으로 푼 문제 수 :
- 두 번째에 암산으로 안 돼서 손으로 푼 문제 수 :
- 두 번째에 문제 풀 때 한 문제당 생각한 최소 시간 :   분
- 세 번째에 도전해서 추가로 푼 문제 수 :
- 세 번째에 암산으로 푼 문제 수 :
- 세 번째에 암산으로 안 돼서 손으로 푼 문제 수 :
- 세 번째에 문제 풀 때 한 문제당 생각한 최소 시간 :   분

3 어려워서 풀지 못한 문제 가지고 다니면서 생각하기

- 매우 어려워 메모해 가지고 다니면서 공부한 문제는?
- 며칠(시간) 만에 해결되었나요?
- 해결 단서는 무엇이었나요?

영어 교과서,
소리 내어
읽으면서 공부하기

영어를 공부할 수 있는 책이 시중에 많이 나와 있지만, 영어 학습 능력이 부족한 학생들은 교과서를 활용하여 공부하는 것이 제일 좋다. 교과서를 활용하는 방법은 영어 습득과 영어 공부를 동시에 해낼 수 있는 방법이기 때문이다.

영어의 기초가 부족한 학생들은 특히 영어 교과서를 소리 내어 읽는 것으로 공부를 계속해 나가는 것이 좋다. 기초가 부족한 학생들이 흔히 겪는 발음, 어휘, 문법 등의 문제가 동시에 해결되는 효과가 있으므로 꾸준히 실천해 보자.

다음에 제시하는 방법은 하나의 사례이다. 똑같이 따라할 필요는 없다. 읽기에 어려움을 느낀다면 MP3 파일을 틀어 놓고 따라 읽는 것도 좋다. 그렇게 하다 익숙해지면 노트에 적어도 보자. 틈나는 대로 반복해서 읽다 보면 몰입과 집중도가 올라가고 성취감도 느낄 것이다.

- 먼저 교과서를 녹음한 MP3 파일을 준비한다.
- 매일 3~5회 반복해서 듣는다.
- 원어민 발음을 들은 후 따라 읽기를 한다.
- 노트에 본문을 매일 1회씩 적는다.
- 매일 듣기, 읽기, 쓰기를 한다.
- 교과서 없이 청취한 내용을 따라해 본다. 만약 교과서 없이 따라 읽기가 가능하다면 암기가 상당히 진행된 것이다.
- 교과서를 보지 않고 청취한 내용을 일시 정지한 후 노트에 적는다. 다 적은 다음에는 본문의 내용과 비교·확인한다.
- 완전한 정도는 아니지만 교과서 본문이 조금씩 떠오른다면 몇 문장이라도 암기해 본다.
- 외운 문장은 노트에 적어서 본문과 비교해 본다.
- 본문은 아니더라도 각 과의 문법 구문은 완벽하게 외울 수 있도록 한다.

진짜
공부 시간
재 보기

    학년이 올라갈수록 공부에 대한 부담과 불안이 커진다. 특히 고등학교에 올라가면 대입이 현실로 다가오면서 많은 학생들이 열심히 공부한다. 그런데 성적은 오르지 않고 오히려 떨어지는 경우도 생긴다. 자기 인생에서 가장 열심히 하는 것 같은데 도무지 이해가 되지 않는다. 하지만 조금만 생각해 보면 당연한 결과다. 왜냐하면 나보다 공부를 잘하든 못하든 모든 학생들이 자신의 최대치를 끌어내어 공부하고 있기 때문이다. 나만 열심히 하는 것이 아니라 다들 열심히 하기 때문에 성적이 여간해서는 거의 변동이 없는 것이다. 결국 다른 사람보다 공부를 더 열심히 하는 방법밖에 없는데, 몰입을 통해서 공부의 질을 올려야 한다.

사실 책상에 앉아서 책을 보고 있으면 다 공부하고 있는 것 같고, 야간 자율 학습 시간을 공부로 다 채운 것 같지만 정확히 체크해 보면 그렇지 않은 경우가 많다. 어떤 최상위권 학생이 자신의 실제 공부 시간을 시계로 직접 체크해 본 결과 공부 시간의 절반 정도만 온전히 몰입하고 있어서 매우 놀랐다고 한다.

따라서 학생들도 실제 자신의 공부 시간을 체크하여 기록해 봄으로써 공부 몰입도를 올려 보자. 옆에 시계를 놓고 공부하다가 잡생각을 하거나 공부를 쉴 때는 시계를 눌러 시간을 멈추게 하는 방식으로 하루를 지내 보면 자신의 순수 공부 시간이 나온다. 이렇게 며칠을 해 보면 자신의 실제 공부 시간을 냉정하게 파악할 수 있다.

그렇게 자신의 실제 공부 시간을 측정해 보면 공부하는 동안 좀 더 집중할 필요성을 느껴 몰입을 더 잘하게 된다.

공부 시간
체크

책상에 앉아 있는 시간이 모두 공부 시간은 아닙니다.
진짜 공부한 시간을 재 본다면
나의 공부 집중도를 파악할 수 있으며,
의식적인 노력으로 공부 몰입도를 올릴 수 있습니다.

날 짜	과 목	실제 공부 시간	비 고
6월 3일	영어	85분	전체 공부 시간은 1시간 40분이었지만 중간에 집중도가 떨어져 집중하지 못했음.

메모해서
가지고
다니기

사람은 환경의 영향을 받는다. 그러므로 집중할 수 있는 환경을 스스로 만드는 것이 중요하다. 그런데 집중할 수 있는 환경을 인위적으로 만드는 것은 쉽지 않다. 대신 집중을 잘 하면 환경의 지배를 거의 받지 않고 주도적으로 공부해 나갈 수 있다.

내가 집중할 거리를 가지고 다닌다면 주기적으로 의식을 집중하여 주의를 빼앗기지 않고 의식을 고정시킬 수 있을 것이다. 생각할 과제를 메모해서 가지고 다니며 생각하는 것은 좋은 방법이다. 생각은 하면 할수록 예리해진다. 무딘 칼로는 물건을 자를 수 없듯이 무딘 생각으로는 깨달음의 '아하 체험'을 할 수 없다. 바닷가에 배를 묶어 놓으면 파도가 밀려와도 떠내려가지 않는다. 마찬가지로 의식을 고정시켜 놓으면 잡념의 파도에 이리저리 휩쓸려 가는 일은 없을 것이다. 메모지는 의식을 고정시키는 좋은 끈이 된다.

몰입은 생각을 깊게 하여 지속적으로 의식의 지평을 넓혀 가는 과정이다. 마음은 허공과 같아서 잘 단속하지 않으면 천 가지, 만 가지로 변하고 만다. 집중은 마음을 한곳으로 모아 그곳에 머물러서 계속 생각하는 것이다. 의식적으로 생각을 고정시키는 작업을 계속하지 않는다면 몰입의 단계로 들어서는 것은 참으로 어려운 일이 될 것이다.

메모지를 가지고 다니며 의식적으로 생각하는 훈련을 해보자. 흩어졌던 생각들이 하나로 모이고 집중하게 될 것이다.

특히 메모지에 자신의 목표를 적어 가지고 다니면서 주기적으로 들여다보며 목표를 자주 상기하는 것도 좋은 방법이다. 또 메모지에 암기할 내용을 적어 가지고 다니면서 자주 들여다보면 쉽게 암기할 수 있다. 아직 이해하지 못한 내용을 적은 후에 시간이 날 때 수시로 꺼내 보면서 생각해 보는 것도 좋은 방법이다. 집중을 위해서는 의식적인 노력이 먼저 수반되어야 함을 잊지 말고, 일단 작은 노트에 암기하거나 생각할 내용을 적어 보자.

암기할 부분이나 궁금한 내용을
메모해서 가지고 다니며 주기적으로 확인하세요.

1 오늘 암기하기 위해 메모해서 가지고 다닌 내용은 무엇입니까?

2 계속 생각하기 위해 메모해서 가지고 다닌 목표나 과제(문제)는 무엇입니까?

몰입 노트
작성하기

공부 일지를 기록하듯이 자신의 몰입도를 매일 기록해서 피드백을 받아 보는 것도 좋은 방법이다. 습관이 되기 전까지는 모든 것에 의도적인 노력이 필요하다.

몰입 노트 1

일 시	년 월 일 ( )
생각할 과제	후회 없는 인생을 살기 위해서는 어떻게 해야 하는가?
나의 생각	1. 2. 3. 4.

몰입 노트 2

일 시	년 월 일 ( )
생각할 과제	왜 고구려나 백제가 아닌 신라가 삼국을 통일했는가?
나의 생각	1. 2. 3. 4.

몰입 노트 3

일 시	년 월 일 ( )	
생각할 과제	정부가 발표하는 물가 지수와 체감 물가의 차이가 발생하는 이유는?	
나의 생각	1. 2. 3. 4.	
참고한 자료		**집중해서 생각한 시간**	

몰입 노트 4

일 시	년 월 일 ( )
생각할 과제	재석이는 1, 2, 3, 4, 5가 적힌 5장의 숫자 카드를 한 번씩 이용하여 다섯 자리 수를 만들고 있다. 작은 수부터 차례로 나열할 때, 50번째의 수는 어떤 수인가?
나의 풀이	
생각한 시간	

몰입 노트 5 : 주말 몰입

일 시	년 월 일 (토) ~ 년 월 일 (일)
생각할 과제	감사한 일과 감사한 분 생각하기
감사한 마음이 중요한 이유는?	
감사한 일, 감사한 분	1. 2. 3. 4. 5. 6. 7.

수학 공식
증명해 보기

수학을 공부할 때 많은 학생들이 먼저 공식을 외우고 난 뒤 문제를 푸는 것을 볼 수 있다. 그러나 암기법으로 완성된 공부는 일주일이면 없어지는 망각의 공부가 된다. 학원이나 과외에서도 숙제를 많이 내서 일단 학습량을 늘려가는 쪽으로 진행하게 되는데, 결코 실력 향상에 도움이 되지 않는다. 학생들은 생각이 깊어지는 것이 아니라 단순한 테크닉이 조금 향상될 뿐이다. 본질은 변하지 않는다.

해당 개념에 대한 설명과 공식을 유도하는 방법만 알면 주어진 공식을 암기하지 않아도 된다. 공식들을 외우려고 하기보단 이해하고 증명하려고 노력해 보자. 물론 공식을 이해하는 것으로만 끝내서는 안 된다. 이해한 공식을 잘 암기해 놓는다면 시험에서 훨씬 빨리 문제를 풀 수 있을 것이다.

학교 선생님들은 공식을 외우기에 앞서 그 공식이 완성되는 과정을 설명해 주신다. 그 공식의 증명 과정을 이해하면서 개념서(교과서)에 정리되어 있는 공식들을 내 것으로 만들어 가는 것이 중요하다. 그렇게 증명하다 막히는 부분은 수학적으로 자신이 구멍 난 부분, 즉 몰랐던 내용들이다. 그 구멍을 메워 가는 것이 바로 부족했던 개념을 완성해 가는 수학적 이해의 길이라고 할 수 있다. 증명을 통해 수학적 사고력이 향상되고 깊은 몰입의 기쁨도 체험할 수 있을 것이다.

증명 1 : 사다리꼴 넓이

사다리꼴의 넓이를 구하는 공식은 '(윗변의 길이+아랫변의 길이)×높이×½'인데, 왜 그런가?

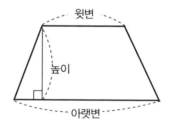

증명 2 : 삼각형의 내각과 외각의 성질

삼각형의 한 외각의 크기는 그와 이웃하지 않은 두 내각의 크기의 합과 같은데, 왜 그런가?

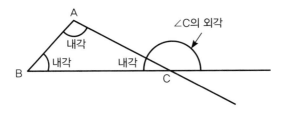

증명 3 : 피타고라스의 정리

직각삼각형 ABC의 직각을 낀 두 변의 길이를 각각 a, b라 하고, 빗변의 길이를 c라 하면 $a^2 + b^2 = c^2$이다.

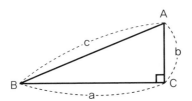

다양한 방법으로 피타고라스의 정리를 증명해 보세요. 몇 가지 방법으로 증명했나요?

방학 때
교과서로
예습하기

방학은 공부 습관을 바로 잡고 몰입을 경험할 좋은 기회다. 반대로 공부를 소홀히 했다가는 개학 후에 성적이 떨어지고 공부에 집중하지 못하는 결과를 맞을 수도 있다. 학기 중에는 학교 수업이 진행되기 때문에 공부를 의식해서 생활하지만, 방학 때는 자신의 힘으로 공부를 해 나가야만 한다. 따라서 방학이 여러 번 지날수록 학생들의 실력 차이도 점점 더 크게 벌어진다.

따라서 자기 관리를 잘 해서 공부를 꾸준히 하는 학생들에게 방학은 좋은 기회가 될 것이다. 방학 때 스스로 공부하는 습관을 익혀 놓는다면 개학 후에 공부 집중도가 자연스럽게 올라가 어렵지 않게 공부를 계속해 나갈 수 있다.

방학 기간에 교과서나 참고서로 예습해 보는 것을 권하고 싶다. 많은 학생이 방학 중 학원 강의나 과외로 선행 학습에 도움을 받는데, 학생이 할 수 있는 능력을 넘어서 진도를 나가는 경우가 많으므로 주의해야 한다. 그러니 이제는 스스로 다음 학기 예습을 해 보자. 다음 학기 내용을 공부해 두면 개학 후 수업 연계성도 좋아질 것이다. 중간고사 범위 정도까지 해도 좋고, 능력이 된다면 기말고사 범위까지 미리 학습을 하는 것이 좋다. 스스로 혼자 힘으로 학습을 했다는 자신감이 다음 학기 자기주도학습에 큰 디딤돌이 될 것이고, 수업 시간에는 아는 내용이 많이 나와서 공부 몰입도가 올라가게 될 것이다.

교과서와 참고서를 읽을 때는 3~5회 반복하며 천천히 읽어서 기본 개념을 이해하고 내용을 정확하게 파악하는 것을 목표로 한다. 그렇게 한 다음에 깨끗한 종이에 읽은 내용을 요약하여 정리해 본다. 그 과정에서 자신이 얼마나 이해하고 있는지 알 수 있다. 잘 생각이 나지 않을 때는 다시 교과서(참고서)를 읽고 미처 적지 못한 부분을 보충해서 적어 넣는다.

좀 더 완벽한 공부를 원한다면 참고서에 있는 문제들을 풀어 보는 것도 좋다. 하지만 내용에 대한 이해가 아직 부족하다고 느낀다면 교과서와 참고서를 한 번 더 읽는 것이 좋다.

문제를 푼 다음에 틀린 문제는 교과서와 참고서의 내용을 직접 찾으면서 확인한다. 이렇게 왔다 갔다 하는 과정에서 나의 지식이 쌓인다. 문제를 푸는 것은 공부의 완성도를 확인하기 위한 것이므로 기본 문제나 개념 문제 위주로 풀어서 개념을 확실히 이해하도록 한다.

원래 공부는 혼자 힘으로 하는 것이란 사실을 기억하고 방학에는 교과서와 참고서를 준비하여 다음 학기 공부를 준비해 보자.

11

질문 노트
만들기

문제를 풀 수 있다고 해서 제대로 알고 있다고 말하기는 어렵다. 틀린 문제의 답을 구할 수 있다고 해서 실력이 늘고 이해했다고 생각하면 안 된다. 사실 이해란 시간을 두고 서서히 이루어지기 마련이다. 학생들이 학업 부진에 빠지는 이유 중 하나는 기초 단계나 개념이 완성되지 않았는데 더 높은 단계로 나아가는 것이다. 결국 모르는 것들이 쌓여 더 이상 감당할 수 없을 정도가 되면 학생 스스로 포기하고 만다.

그러므로 틀린 문제를 그 자리에서 다시 풀어 보는 것만으로는 부족하다. 부족한 부분은 확실하게 알고 넘어가는 노력이 필요하다. 그러기 위해서 '질문 노트'를 만들어 보는 것도 좋은 방법이다. 질문 노트에는 내게 부족한 약점들이 기록되어 있다. 모르는 내용이나 틀린 문제, 잘 외워지지 않거나 이해하지 못해 궁금한 것들을 적는다. 그리고 적은 내용을 학교 선생님이나 학원 선생님께 질문해서 확실하게 이해하고 넘어가도록 한다. 이 과정은 자기주도학습을 위해 매우 중요한 단계이다.

누구나 자기주도학습을 할 수 있기를 원한다. 그러나 자기주도학습은 특강이나 짧은 시간의 학습을 통해 성취되는 기술이 아니다. 초등학교부터 고등학교 때까지 꾸준하게 노력해서 얻어지는 공부 습관이다.

따라서 생각해도 이해가 안 되는 것들은 주저하지 말고 질문을 해야 한다. 먼저 질문 노트에 궁금한 것들과 틀린 문제를 기록하고 그에 대한 해결책을 선생님께 질문하기 전에 몇 번 더 생각해 본다. 물론 질문하기 전에 충분히 생각하거나 풀이를 보다가 해결책을 찾을 수도 있다. 그리고 선생님께 질문한 후 설명을 들으면 충분히 생각이 무르익어 곧바로 의문이 해소되기도 한다. 학년이 올라가더라도 이러한 과정을 꾸준히 지속하다 보면 몰입을 위한 생각의 근육이 자연스럽게 만들어지고 공부 습관이 정착된다.

질문 노트 만들기

●●●

1. 질문 노트는 과목별로 따로 만든다.

2. 모르는 내용이나 틀린 문제, 궁금한 것들을 기록한다.
   (단, 기록하는 데 너무 많은 시간이 걸리는 내용은 복사해서 붙여 넣는다.)

3. 내용 중 이해하지 못한 부분이나 틀린 부분에 대해 표시를 한다.

4. 선생님께 노트를 가져가서 질문에 대한 피드백을 받는다.

5. 이때 이해되지 않는 부분은 곧바로 질문한다.

6. 제대로 이해된 내용은 자기만의 표시를 한다.

7. 질문 노트를 꾸준히 만들고, 계속해서 질문하고 피드백을 받는다.

🌱 에필로그

책을 쓰면서 몰입을 경험하는 일이 많아졌다. 몰입은 가장 어려운 과제를 풀기 위해 생각을 집중하고, 거듭해서 생각하는 일이다. 처음에는 막막해 보이던 일이 생각이 깊어지면 서서히 윤곽을 드러내고 그 실체가 보이기 시작한다. 어떻게 책 한 권을 정리하나 싶다가도 몰입해서 작업하는 날이 많아지면 어느새 맺음말을 쓰게 된다.

올림픽 경기에 출전한 선수들의 경기를 보다 보면 '완벽한 몰입이란 저런 것이구나!'라고 느끼게 되는 장면을 자주 만난다. 마지막 순간에 승패도 잊고 오직 경기에 완전히 빠져서 하나가 된 모습을 보면, '아, 저 선수는 지금 자신의 잠재력을 최대한 발휘하고 있구나!' 하고 감탄하게 된다. 만약 평소 그 선수에게 그때처럼 경기를 해보라고 하면 잘되지 않을 것이다. 완벽한 몰입은 잠들어 있던 잠재력을 일깨워, '최고의 나'를 만나게 한다.

우리는 자신을 잘 아는 것 같지만, 평상시의 나는 진정한 내가 아니다. 몰입의 바다에 흠뻑 빠져 춤춰 보지 않으면 무한한 가능성을 가진 나를 마주할 일은 없다. 그러므로 몰입은 나를 발견하는 과정이요, 또 다른 나를 만나는 여행이다. 이것은 가장 큰 공부라 할 수 있다.

요즘 세상은 남에 대한 관심은 높지만 정작 자신에 대한 관심과 이해심이 부족하다. 학생들을 만나 보면 다른 사람에 대해서 평가를 잘하지만 자신의 장단점이나 재능은 잘 모르는 경우가 많다. 자신에 대한 이해 부족은 진로 설정에 영향을 미치고, 학습 동기에도 매우 큰 영향을 끼친다. 외부 세상에 대한 무조건적이고 지나친 관심은 몰입을 방해하고 중요한 것과 중요하지 않는 것을 구별하지 못하게 한다. 당연히 집중해서 공부할 수 없다.

공부는 창조의 과정이요, 흥미로운 탐험의 길이다. 중간에 길을 잃기도 하고 높은 장벽을 만나기도 하지만, 그 과정에서 나는 단련되고 깊어진다. 깊어진 경계에서 새로운 인식은 열리고 나의 깨달음은 우주를 닮아간다.

몰입은 새로운 우주를 만나는 체험이자 거대한 발견의 시간이다. 몰입을 통해 서로 다른 우주에서 함께 만났으면 좋겠다.

🪴 참고문헌

《다빈치처럼 과학하라》, 프리초프 카프라, 김영사
《큰 바위 얼굴》, 나다니엘 호손, 바다출판사
《독학의 기술》, 가토 히데토시, 문예출판사
《몰입의 즐거움》, 미하이 칙센트미하이, 해냄
《창의성의 즐거움》, 미하이 칙센트미하이, 북로드
《몰입》, 황농문, 랜덤하우스
《몰입 두 번째 이야기》, 황농문, 랜덤하우스
《여해 이순신》, 김종대, 예담
《칼의 노래》, 김훈, 생각의 나무
《스티브 잡스》, 월터 아이작슨, 민음사
《스티브 잡스의 명언 50》, 하야시 노부유키, 스펙트럼북스
《스티브 잡스 이야기》, 짐 코리건, 명진출판
《워런 버핏 이야기》, 앤 재닛 존슨, 명진출판
《정약용과 그의 형제들》, 이덕일, 김영사
《다산선생 지식 경영법》, 정민, 김영사
《노벨상 수상자 36인의 학습법》, 탄샤오위에, 문학수첩 리틀북
《모든 순간의 물리학》, 카를로 로벨리, 쌤앤파커스
《시련은 있어도 실패는 없다》, 정주영, 제삼기획
《정주영 경영정신》, 홍하상, 바다출판사
《혼 창 통》, 이지훈, 쌤앤파커스
〈어느 독서광의 일기〉, ebs 지식채널

《도박사의 천공법》, 도임자, 삼양미디어
《거꾸로 학습코칭》, 정형권, 더메이커
《성공학습노트》, 정형권, 밥북
《거꾸로 교실 거꾸로 공부》, 정형권, 더메이커
《영어의 바다에 빠트려라》, 하광호, 반석
《성공학 노트》, 나폴레온 힐, 국일미디어
《왜 학생들은 학교를 좋아하지 않을까?》, 대니얼 T. 윌링햄, 부키
《중학생 영어공부 혁명》, 정혜진, 왕의서재
《상위 4%는 공부하는 폼부터 다르다》, 김동환, 미래지식
《내 아이가 스스로 공부한다》, 송인섭, 21세기북스
《생각의 힘을 키워라》, 이토야마 타이조, 글로세움
《리스타트 공부법》, 무쿠노키 오사미, 비즈니스북스
《청소년 독서학습법》, 류쉬이쥔, 북포스
《1만 시간의 재발견》, 안데르스 에릭슨, 로버트 풀, 비즈니스북스
《해리포터 성공 판타지》, 진 스미스, 문예당
《조앤 K. 롤링 : 해리포터를 키운 마법사》, 마크 샤피로, 문학수첩 리틀북스
《딥 워크》, 칼 뉴포트, 민음사
《행복 교과서》, 서울대학교 행복연구센터, 주니어김영사
《단단한 공부》, 윌리엄 암스트롱, 유유
《문주반생기》, 양주동, 최측의 농간

1. 학생들을 위한 몰입 공부법 특강

공부는 몰입을 통하여 의식의 새로운 지평을 열어나가는 창조적인 행위입니다. 강의를 통해 공부와 인생에 대한 인식과 관점이 바뀌면 새로운 눈이 열립니다. 몰입의 대가들이 어떻게 몰입을 실천했으며, 그것을 학습에 어떻게 적용할 것인지 구체적인 사례 중심으로 진행합니다. 학생들이 공부에 대해 새롭게 눈뜨는 기회를 제공합니다.

2. 학부모 대상 자녀 교육 특강

변화하는 시대에 맞는 자녀 교육 방법은 무엇일까요? 학교 공부와 미래를 준비하는 창의 융합 공부를 함께 해나가는 방법은 무엇일까요? 자녀의 올바른 공부 습관 형성과 자기주도학습 능력 강화를 위해 꼭 알아야 할 정보와 지식을 전달합니다. 자녀가 학습에서 몰입을 체험하고 잠재력을 최대한 발휘하기 위한 부모의 역할을 알아보는 소중한 시간입니다.

3. 몰입 공부법 지도사 과정

전문적으로 '몰입 공부법'을 지도하고자 하는 분들을 위한 전문가 과정입니다. 교육 현장에서 학생들의 체계적인 몰입 공부법 전수에 필요한 이론과 실제 사례를 중심으로 진행됩니다. 창의 융합 시대에 적합한 학습 방법과 잠재력을 극대화하는 몰입 훈련 프로그램을 통해 학생들이 세상을 향해 힘차게 나아가도록 이끌어줍니다.

* **대상**

  - 몰입 공부법 전문가로 활동하고 싶은 분
  - 몰입 공부법을 활용하여 학생들을 체계적으로 지도하고 싶은 분
  - 융합 시대에 맞는 공부법을 찾는 분
  - 학생들의 잠재력을 극대화하여 창의력과 문제 해결력을 키워주고 싶은 분

* **교육내용**

구분	주제
1회차	몰입은 최고의 나를 만나게 한다
2회차	창의적 사고와 몰입
3회차	몰입으로 가는 길① 목표와 피드백
4회차	몰입으로 가는 길② 상상력, 자신감
5회차	몰입으로 가는 길③ 혼자의 힘, 과정 즐기기
6회차	몰입 공부법① 공부의 이유, 수업과 몰입
7회차	몰입 공부법② 느린 공부, 목적 있는 연습
8회차	몰입 공부법③ 이해와 기억, 궁극의 공부법

10대를 위한 몰입 공부법